Time Management
Come Usare Il Vostro Tempo
(Gestione Del Tempo)

Will Hart (Autore)

Alberto Favaro (Traduttore)

Copyright

Questo libro è protetto da Copyright © 2017. Tutti i diritti riservati. Pubblicato negli Stati Uniti d'America. Nessuna parte di questo eBook può essere riprodotta o trasmessa in alcuna forma o con alcun mezzo, elettronico o meccanico, compresa la fotocopiatura, la registrazione o per mezzo di sistemi di salvataggio e ripristino – con l'esclusione di un recensore che può citare brevi passaggi in una recensione che può essere stampata su una rivista, un quotidiano, un blog o un sito web – senza il permesso scritto dell'autore.

INDICE DEI CONTENUTI

CAPITOLO 1: INTRODUZIONE 1

CAPITOLO 2: Capire la psicologia della gestione del tempo 17

CAPITOLO 3: Come gestire efficientemente il vostro tempo 25

CAPITOLO 4: Come superare la procrastinazione 70

CAPITOLO 5: Gestire le perdite di tempo esterne 80

CAPITOLO 6: 60 trucchi e suggerimenti per gestire il vostro tempo e superare la procrastinazione 94

CONCLUSIONE 136

CAPITOLO 1: INTRODUZIONE

Avete bisogno di ottenere di più dal vostro tempo? Vorreste migliorare la qualità della vostra vita? Troppo poco tempo e troppe cose da fare sono una condizione comune a molti di noi. Gli impegni e le faccende quotidiane sembrano inghiottire i giorni, lasciando poco tempo per seguire le cose che vi piacciono.

Avete, però, le scelte su come spendere il vostro tempo. Bilanciare quello che dovete fare con quello che volete fare può condurvi alla felicità e al successo. Molti di noi si lamentano, "non c'è mai abbastanza tempo in un giorno!" La verità, però, è che noi abbiamo tempo sufficiente per fare quello che è importante nelle nostre vite. Potete sempre trovare del tempo per le persone che contano per voi e per le attività che vale la pena fare. Tutto quello che dovete fare è imparare a gestire il vostro tempo.

"Un uomo che osa sprecare un'ora di tempo non ha ancora scoperto il valore della vita."
- Charles Darwin

Potete rendervene conto o meno, nel frenetico mondo odierno avere tempo è uno dei doni più grandi che potrete mai ricevere. Si potrebbe anche dire che è la risorsa a nostra disposizione più ricercata – eppure la maggior parte di noi non lo spende saggiamente. Perché accade questo?

In qualche momento della vostra vita potete aver provato la sensazione di non avere mai abbastanza ore nel giorno per compiere tutte le cose che volevate fare. Quasi quotidianamente sentiamo persone dire che non hanno abbastanza tempo.

Lasciate che vi dica una cosa – avete esattamente lo stesso numero di ore al giorno che sono state date a qualunque persona abbia mai vissuto. Pensate a tutti i traguardi che sono stati raggiunti con lo stesso ammontare di tempo che avete voi ora.

In questa corsa contro il tempo, un sacco di persone nella nostra società cercano di essere iperproduttive. Sapete, le persone che passano freneticamente di lavoro in lavoro, sempre a controllare Facebook, Instagram, le e-mail, telefonando, facendo una commissione, etc. Le persone che fanno questo, spesso appoggiano l'idea che "restare occupati" significa che state lavorando duramente e che avrete più successo.

Mentre questa convinzione può essere vera fino a un certo punto, spesso conduce a una "produttività" irragionevole— un bisogno costante di fare qualcosa e una tendenza a sprecare tempo su compiti inutili.

Invece di comportarci in questo modo, dovremmo fare le cose in modo diverso. Dovremmo tutti promettere a noi stessi di smettere di lavorare più duramente e di cominciare a lavorare più intelligentemente. Invece di essere robotici nel modo in cui affrontiamo i compiti, dovremmo cercare di pensarci e chiederci sempre se questo compito può essere fatto in modo più efficiente – o eliminato del tutto.

Gestire il tempo non riguarda il far entrare a forza il maggior numero possibile di compiti nella nostra giornata. Riguarda il semplificare il modo in cui lavoriamo, il fare le cose più velocemente e l'alleviare lo stress. Riguarda il trovare lo spazio nelle nostre vite per trovare il tempo per le persone, giocare e riposare.

Ci sono veramente ore a sufficienza in una giornata per tutto quello che vorreste fare – ma può richiedere un po' di risistemazione e re immaginazione per trovarle.

Prendetevi un momento per porvi le seguenti domande e scrivete le risposte:

- Ho bisogno di più tempo per fare tutte le cose che vorrei fare?
- Sono un buon gestore del mio tempo?
- Dove passo la maggior parte del mio tempo?
- Sono in grado di raggiungere quello che voglio fare prima delle scadenze?
- In quali attività passo la maggior parte del mio tempo?
- Solitamente sono puntuale o in ritardo?
- Finisco le cose nei tempi concordati?
- Presento lavori/relazioni in tempo?

Se le vostre risposte sono **"no"** ad alcune di queste domande, significa che non state gestendo il vostro tempo bene come dovreste.

Trasformare le abilità nella gestione del tempo in abitudini richiederà del tempo. Quale è, però, il miglior modo di spenderlo? Con l'aiuto di questo libro e di due o tre ore, potete imparare tecniche preziose per gestire il vostro tempo e la vostra vita.

Alla fine di questo libro, conoscerete meglio voi stessi, avrete una mappa di obiettivi per il futuro e forse completerete alcuni sogni.
Idea principale

Parliamo del tempo

Ci sono 60 secondi in un minuto, 60 minuti in un'ora, 24 ore in un giorno, e 168 ore in una settimana. Tuttavia, la gestione del tempo non riguarda necessariamente quanto tempo abbiamo ma, piuttosto, il modo in cui lo usiamo. É importante notare che il tempo non puà essere salvato o immagazzinato. La morale è capire quanto bene lo usiamo.

Il tempo è vita

Il tempo è irreversibile e insostituibile. Sprecare il vostro tempo significa sprecare la vostra vita. Padroneggiare il vostro tempo significa padroneggiare la vostra vita e muoversi nella direzione del raggiungimento di quello che desiderate.

Quest'anno, concentratevi sull'avere degli obiettivi chiari e sull'usare le strategie e le tattiche che funzioneranno per aiutarvi a raggiungerli. É importante che siate sicuri di avere degli obiettivi realistici, e che non vi prepariate alla delusione e/o al fallimento per una mancanza di pianificazione.

Il tempo ce lo ha insegnato, se non lo spendiamo su un obiettivo chiaro, non arriveremo al passo successivo. Muoveremo le nostre ruote e useremo la nostra energia senza avere un buon piano di azione.

Per avere successo, si deve avere un buon piano che funzioni, e il risultato più grande sarà quello di ottenere il controllo della vostra vita e di avere una maggiore libertà per fare quello che vi piace di più.

Cosa è una buona gestione del tempo?

Parlando in modo restrittivo, non possiamo effettivamente gestire il tempo, possiamo solamente gestire noi stessi e gli eventi nella nostra vita che hanno a che fare con il tempo. Come usate quel tempo dipende dalle abilità apprese con l'autoanalisi, la pianificazione, la valutazione e l'autocontrollo. Mentre acquisiamo nuove abilità nella gestione del tempo, guadagniamo il controllo sulle nostre vite.

Una chiave per gestire voi stessi è capire chi siete e dove state andando.

Come il denaro, il tempo ha valore ed è limitato: deve essere protetto, usato saggiamente e messo a budget. Le persone che praticano buone tecniche di gestione del tempo di solito scoprono che:

- Sono più produttive
- Hanno più energia per le cose che devono raggiungere
- Si sentono meno stressate
- Sono in grado di fare le cose che vogliono
- Riescono a fare più cose
- Si rapportano più positivamente con gli altri
- Si sentono meglio con loro stessi

Se mai prenderete il controllo della vostra vita, avrete bisogno di iniziare a prendere il controllo del vostro tempo. Senza dubbio, la gestione del tempo è fondamentale per avere successo in qualsiasi area della vita.

In effetti, è spesso la differenza principale tra i vincenti nella vita e coloro che, anche se sempre occupati, non vanno da nessuna parte.

Non è sorprendente che si sia creato un intero settore industriale per una migliore gestione del nostro tempo. Ma se guardate un po' più in profondità vedrete che non si tratta solo di gestione del tempo ma di gestione di se stessi. Perché, in realtà, non potete essere in grado di controllare il tempo, ma potete controllare voi stessi e quello che fate.

La maggior parte degli esperti è concorde nel dire che il successo è il risultato di abitudini. Di conseguenza, il primo passo per migliorare come usare il vostro tempo inizia con le vostre abitudini (auto controllo). E le vostre abitudini cominciano come decisioni prese consapevolmente (cioè a che ora alzarsi, che tipo di libri leggere etc.).

Una volta stabilite, le buone abitudini diventano una seconda natura. In molti casi, il successo non è tanto il risultato di fare qualcosa di insolito, ma piuttosto il risultato della capacità di una persona di "padroneggiare il banale." Eseguendo tutti questi compiti elementari che sono comunque molto importanti, nel corso del tempo queste attività si trasformano in grandi risultati.

Ecco alcune semplici regole da seguire per una migliore gestione del tempo:

- **Non procrastinare.** Fatelo ora. Quando le persone rimandano le cose, si perde lo slancio, si rallenta il raggiungimento degli obiettivi correnti e si restringono le opportunità future visto che il tempo viene sprecato. Il modo per contrastare la procrastinazione è quello di porre delle scadenze entro le quali gli obiettivi dovrebbero essere raggiunti. Il modo per evitare scadenze all'ultimo minuto provocate dalla procrastinazione è di porre degli obiettivi intermedi che devono essere raggiunti, e poi tracciarne regolarmente i progressi.

- **Tracciare le vostre attività.** La memoria è una guida scarsa quando si arriva a valutare come passate il vostro tempo. Un modo migliore è quello di registrare le vostre attività durante il giorno, tenendo una lista di tutto quello che fate. La maggior parte delle persone troverà di avere circa tre ore al giorno che possono essere usate in modo più costruttivo o in una maniera più efficiente. Valutate il tempo che passate chiacchierando al telefono, sfogliando riviste o navigando senza scopo sul Web, ed eliminate tutto quello che non è necessario.

- **Concentrarsi sui risultati.** Molte persone passano le loro giornate freneticamente, ma raggiungono pochi risultati perché non si concentrano sulle cose giuste. Non confondete il lavorare efficientemente con il lavorare efficacemente. Le attività possono essere alleviatrici dello stress ma non portare alcun risultato. Concentrandovi regolarmente su poche "principali" priorità, potete ottenere molto di più in meno tempo.

- **Ricordare il principio 80/20:** il 20% delle vostre attività chiave vi darà l' 80% dei vostri risultati. Il vostro obiettivo è quello di assicurarvi che concentrate quanto più sforzo possibile su attività ad alto rendimento.

- **Sviluppare piani di azione.** Un piano di azione è una breve lista di azioni che dovete completare per raggiungere un obiettivo. Si differenzia da una lista delle cose "Da fare" in quanto si concentra sul raggiungimento di un risultato (e sui passi specifici per raggiungerlo) piuttosto che solamente sugli obiettivi che devono essere raggiunti in un periodo di tempo. Ogni volta che volete raggiungere qualcosa, redigere un piano di azione vi permette di concentrarvi sui passi da raggiungere e monitorare i vostri progressi verso l'obiettivo.

- **Rispondere velocemente.** Per esempio, prendersi cura della posta quando la ricevete. Non lasciate che i conti o le lettere si accumulino. Se non siete in grado di rispondere a una lettera immediatamente, archiviatela in un posto speciale che sia visibile e annotate sulla busta che è richiesta un'azione e la data in cui intendete agire. Quando possibile, rispondete alle richieste il giorno stesso in cui le ricevete. Non lasciate che il vostro computer, la vostra scrivania o la vostra mente si intasi di cose inutili.

- **Essere decisi.** Imparate a dire no alle persone. Il vostro tempo è importante, perciò non lasciate che le altre persone si impongano su di voi o vi usino per compensare la loro scarsa pianificazione. Eliminate quanto più possibile le distrazioni. Chiudete la porta, togliete la suoneria del telefono o semplicemente chiedete di non essere disturbati.

- **Pianificare del tempo per rilassarsi.** Quando state organizzando il vostro tempo e i vostri affari, siate sicuri di mettere da parte del tempo per il relax. Se lo pianificate in anticipo, è meno probabile che sorga spontaneamente e vi distragga da altri compiti.

La vostra abilità nel gestire il vostro tempo determinerà il vostro successo o il vostro fallimento. Il tempo è una risorsa indispensabile e insostituibile per il conseguimento degli obiettivi. É il nostro bene più prezioso. Non può essere salvato, né può essere recuperato una volta perso. Tutto quello che dovete fare richiede tempo, e meglio usate il vostro tempo, più risultati raggiungerete e maggiori saranno le vostre ricompense.

La gestione del tempo è essenziale per la massima efficacia e salute personale. Il grado con cui vi sentite in controllo del vostro tempo e della vostra vita è un fattore decisivo del livello della vostra pace interiore, dell'armonia e del benessere mentale. Una sensazione di essere "senza controllo" è la fonte principale di stress, ansia e depressione. Meglio riuscite a organizzate e a controllare gli eventi critici della vostra vita, meglio vi sentirete, momento dopo momento. Più energia avrete, meglio dormirete, e più cose riuscirete a fare.

É possibile per voi guadagnare due ore produttive per ogni giorno lavorativo, o anche raddoppiare i vostri risultati e la vostra produttività, usando le idee e i metodi insegnati in questo libro. Queste tecniche si sono rivelate di successo, e saranno di successo anche per voi – fino a quando avrete quelle che io chiamo le quattro D.

Le quattro D dell'efficacia

1. **La prima D è il desiderio:** Dovete avere un forte desiderio di avere il

vostro tempo sotto controllo e di raggiungere la massima efficacia.

2. **La seconda D è la decisione:** Dovete prendere una decisione forte di praticare le buone tecniche di gestione del tempo fino a quando diventeranno un'abitudine.

3. **La terza D è la determinazione:** Dovete voler persistere nonostante tutte le tentazioni contrarie fino a quando sarete diventati degli efficaci gestori del tempo. Il vostro desiderio rafforzerà la vostra determinazione.

4. **E infine, forse la chiave più importante per il successo, la quarta D è la disciplina:** Dovete far sì che per voi la gestione del tempo diventi una pratica che duri per tutta la vita. La disciplina efficace è la volontà di forzare voi stessi a fare quello che dovreste fare, quando dovreste farlo – che lo vogliate o no. Questo è un punto critico per il successo.

Il vantaggio di diventare un eccellente gestore del tempo è enorme. É la qualità identificabile dall'esterno di un grande esecutore rispetto a un esecutore mediocre. Tutti i vincenti nella vita usano bene il loro tempo. Tutti coloro che riescono male usano il loro tempo male. Una delle regole più importanti per avere successo è semplicemente quella di "crearsi delle buone abitudini e di renderle i vostri padroni." In questo libro imparerete come creare delle buone abitudini e far sì che vi formino.

Quello che imparerete in questo libro sono le ventuno soluzioni più importanti per una efficace gestione del tempo che quasi tutte le persone altamente produttive hanno scoperto e incorporato nelle loro vite. Ricordate che la gestione del tempo è in realtà la gestione della vita. Una buona gestione del tempo e la produttività personale cominciano dando valore alla vostra vita e a ogni suo minuto.

Fate quello che potete, con quello che avete. Dovreste dire a voi stessi, "La mia vita è preziosa e importante, e do valore a ogni suo singolo minuto o ora. Userò opportunamente quelle ore in modo da raggiungere più che posso, nel tempo che ho."

La buona notizia è che la gestione del tempo è un'abilità e tutte le abilità si possono imparare. La gestione del tempo è come andare in bicicletta, digitare su una tastiera o praticare uno sport – è fatta di una serie di metodi, strategie e tecniche. É un insieme di abilità che potete imparare, praticare e padroneggiare con la determinazione e la ripetizione.

CAPITOLO 2: Capire la psicologia della gestione del tempo

Come pensate e vedete voi stessi determina ampiamente la qualità della vostra vita. E il nucleo emotivo della vostra personalità è la vostra autostima – definita come "quanto vi piacete."

La vostra autostima è in gran parte determinata dai modi in cui usate la vostra vita e il vostro tempo nello sviluppo del vostro pieno potenziale. La vostra autostima cresce quando state lavorando efficientemente, e la vostra autostima cala quando non lo state facendo.

A braccetto con l'autostima c'è "l'autoefficacia." L'autoefficacia è il grado in cui siete competenti, capaci e produttivi e siete in grado di risolvere i vostri problemi, fare il vostro lavoro e raggiungere i vostri obiettivi.

Più competenti, capaci e produttivi vi sentite, più alta sarà la vostra autostima. Più alta la vostra autostima, più produttivi e capaci sarete. Ognuna supporta e rafforza l'altra.

Le persone che gestiscono bene il loro tempo si sentono positive, fiduciose e responsabili delle proprie vite.

La legge del controllo

La psicologia della gestione del tempo è basata su un semplice principio chiamato la legge del controllo. Questa legge dice che vi sentite bene con voi stessi quanto vi sentite in grado di avere il controllo sulla vostra vita.

Al contrario, questa legge dice anche che vi sentite in modo negativo con voi stessi quanto non vi sentite in controllo della vostra vita o del vostro lavoro.

Gli psicologi si riferiscono al controllo come l'avere un centro di controllo sia interno che esterno.

Un centro di controllo interno è quando sentite di essere i padroni del vostro destino.

Un centro di controllo esterno è quando sentite di essere controllati da circostanze al di fuori di voi stessi.

Per esempio, quando avete un centro di controllo esterno, potete sentire che siete controllati dal vostro capo o dai conti da pagare o dalla pressione del vostro lavoro e dalle vostre responsabilità. Sentite che avete troppo da fare in troppo poco tempo e che non siete realmente responsabili del vostro tempo e della vostra vita. La maggior parte di quello che state facendo, ora dopo ora, sta reagendo e rispondendo a eventi esterni.

C'è una grossa differenza tra l'azione che è auto determinata e diretta verso un obiettivo e una reazione che è una risposta immediata alla pressione esterna. É la differenza tra sentirsi positivi e in controllo della vostra vita e sentirsi negativi, stressati e sotto pressione.

Per dare il meglio, dovete avere una forte sensazione di controllo nelle aree importanti dei vostri affari e della vostra vita personale.

I vostri pensieri e sensazioni

In termini psicologici, ogni persona ha una auto concezione – un programma specializzato interiore che regola il suo comportamento in ogni area importante della vita. Persone con un'alta auto concezione riguardo la gestione del tempo si vedono e si pensano come bene organizzati e produttivi. Sono molto responsabili delle loro vite e del loro lavoro.

La vostra auto concezione è composta da tutte le vostre idee, immagini, rappresentazioni e soprattutto dalle vostre convinzioni su voi stessi, per quanto riguarda il modo in cui gestite il vostro tempo. Alcune persone si sentono di essere estremamente ben organizzate ed efficienti. Altre si sentono continuamente sopraffatte dalle richieste di altre persone e dalle circostanze esterne.

Le credenze diventano realtà

Quali sono le vostre convinzioni su di voi e sulle vostre capacità di gestire il vostro tempo?

Vi vedete e vi pensate come un gestore del tempo molto efficace ed efficiente? Vi sentite di essere molto produttivi e in completo controllo della vostra vita e del vostro lavoro?

Se pensate di essere un eccellente gestore del tempo, farete naturalmente quelle cose che sono coerenti con questa convinzione.

La vostra auto concezione implica che vi sforziate continuamente di essere coerenti tra la persona che vedete dentro di voi e il modo in cui agite all'esterno. Se credete di gestire bene il vostro tempo, sarete un buon gestore del tempo.

Potete frequentare tutti i corsi sulla gestione del tempo, leggere tutti i libri e praticare tutti i sistemi possibili – ma se vi percepite come un cattivo gestore del tempo, niente vi aiuterà. Se avete sviluppato l'abitudine di essere in ritardo ai meeting o agli appuntamenti, o se credete di essere una persona disorganizzata, quelle abitudini diventeranno il vostro comportamento automatico.

Se non cambiate le vostre credenze sui vostri personali livelli di efficacia ed efficienza non cambierà neppure la vostra abilità di gestire il vostro tempo.

Prendere una decisione

Come sviluppare nuove credenze positive su di voi e il vostro livello di produttività personale?

Semplicemente usate le quattro D: desiderio, decisione, determinazione e disciplina.

Ancora più importante, prendete la decisione di sviluppare una particolare abitudine di gestione del tempo (tipo arrivare in anticipo a ogni appuntamento) per l'immediato futuro. Ogni cambiamento nella vostra vita accade quando prendete una decisione chiara e inequivocabile di fare qualcosa in modo diverso.

Prendere la decisione di diventare un eccellente gestore del tempo è il primo grande passo.

Programmare la vostra mente

Una volta che avete preso la decisione di diventare una persona altamente produttiva, ci sono una serie di tecniche di programmazione personale che potete mettere in pratica.

La prima è quella di cambiare il vostro dialogo interiore. Novantacinque per cento delle vostre emozioni e delle vostre eventuali azioni, sono determinate dal modo in cui parlate a voi stessi. Ripetete a voi stessi, "Sono una persona organizzata e altamente produttiva." Ogni volta che vi sentite sopraffatti dal troppo lavoro, prendetevi una pausa e dite a voi stessi, "Sono ben organizzato e altamente produttivo."

Dite sempre a voi stessi che "Sono un eccellente gestore del tempo." Se la gente vi domanda su come usate il vostro tempo dite loro "Sono un eccellente gestore del tempo."

Ogni volta che dite "Sono bene organizzato," il vostro subconscio accetta queste parole come un comando e comincia a motivarvi e a spingermi verso il diventare veramente bene organizzato nei vostri comportamenti.

Visualizzate voi stessi come volete essere

Il secondo modo per trasformare i vostri comportamenti è quello di visualizzare voi stessi come un eccellente gestore del tempo. Vedetevi come una persona organizzata, efficiente e in controllo della propria vita. Ricordate, la persona che voi "vedete" dentro è la persona che vorrete "essere" fuori.

Se siete già una persona bene organizzata ed altamente produttiva, come vi comportereste in modo diverso? Cosa sarebbe diverso rispetto al modo in cui vi comportate oggi?

Create una immagine di voi stessi come una persona calma, fiduciosa, molto efficiente, più rilassata e in grado di completare grandi moli di lavoro in un breve periodo di tempo. Immaginate come sarebbe una persona altamente produttiva. La scrivania di questa persona sarebbe pulita e in ordine? Questa persona apparirebbe rilassata e non stressata?

Create una chiara immagine mentale di voi stessi come una persona che è in controllo del suo tempo e della sua vita.

Agire "Come se"

Il terzo modo di programmare voi stessi è quello di agire "come se" voi già foste un buon gestore del tempo. Pensatevi come se foste bene organizzati in tutto quello che fate. Se foste già eccellenti nella gestione del tempo, come vi comportereste? Cosa fareste in modo differente? Per quanto riguarda il vostro tempo e la vostra produttività personale, cosa sarebbe diverso rispetto al modo in cui fate le cose ora?

É interessante che anche se non pensate di essere un buon gestore del tempo oggi, tuttavia se fingete di esserlo già, queste azioni genereranno una sensazione di efficienza personale. Potete in realtà cambiare le vostre azioni e le vostre abitudini quando voi "fingete fino a quando lo fate."

CAPITOLO 3: Come gestire efficientemente il vostro tempo

Il primo passo per gestire il vostro tempo più efficientemente è di analizzare dove è dedicata la maggior parte del vostro tempo— lavoro, famiglia, personale, divertimento, etc.

Tenere un diario del tempo è un modo utile per determinare come state usando il vostro tempo. Cominciate a registrare quello che state facendo a intervalli di quindici minuti per una settimana o due e valutate i risultati.

Chiedetevi:

- Ho fatto tutto quello che era necessario?
- Quali compiti richiedono più tempo?
- Durante quale parte del giorno siete più produttivi?
- A cosa è dedicata la maggior parte del vostro tempo? – lavoro, famiglia, personale, divertimento, etc.

Identificate le attività che consumano maggior tempo e determinate se state investendo il vostro tempo nelle attività più importanti che possono aiutarvi a stabilire una linea di azione. Inoltre, avere una buona panoramica dell'ammontare di tempo richiesto per le attività di routine può aiutarvi ad essere più realistici nel pianificare e stimare quanto tempo è disponibile per le altre attività.

Determinare i vostri valori

Visto che la gestione del tempo è in realtà la gestione della vita, il miglioramento della vostra produttività personale inizia con un esame dei vostri valori.

Una delle leggi di Murphy dice che prima di fare qualche cosa c'è qualcos'altro da fare. La buona gestione del tempo richiede che voi portiate il vostro controllo su una sequenza di eventi in modo che si armonizzino con quello che è più importante per voi. Se non è importante per voi, allora voi non vi sentirete mai motivati e determinati a prendere il controllo del vostro tempo.

Chiedetevi questo: "Perché sto facendo quello che sto facendo?" Perché mi sveglio al mattino? Perché fate il lavoro che fate? Quale è il motivo per cui state lavorando dove lavorate?

Significato e scopo

Ogni persona ha bisogno di un significato e di uno scopo nella vita. Una delle ragioni principali dello stress e dell'infelicità personale è la sensazione che quello che si sta facendo non ha alcuno scopo o significato quando si applica a voi e ai vostri valori e alle vostre convinzioni più interiori.

Dovete sempre cominciare con il porvi la domanda "Perché?"

Potete diventare più efficienti con le tecniche di gestione del tempo, ma non vi procurerà alcun beneficio se diventate semplicemente più efficienti nel fare qualcosa che non ha senso per voi. Un'efficienza maggiore incrementerà semplicemente il vostro senso di alienazione, frustrazione e ansia.

Cosa valutate più improtante?

La domanda successiva che dovete porvi è, "Cosa valutate più importante nella vita?" A cosa tenete realmente? Cosa non tollerate?

Vi sentirete realmente felici, di valore e meritevoli nel momento in cui le vostre attività giornaliere sono in armonia con i vostri valori. Quasi tutto lo stress, la tensione, l'ansia e la frustrazione, sia nella vita sia nel lavoro, provengono dal fare una cosa mente voi credete e considerate di valore qualcosa di completamente differente.

Ci sono molte testimonianze su dirigenti che crollano a causa dello stress del loro lavoro. Le persone però che amano quello che fanno, e mettono tutto il loro cuore nel loro lavoro perché è un riflesso dei loro valori, raramente provano stress o esaurimenti di qualsiasi tipo. Quando state vivendo secondo i vostri valori, sembra che proviate un flusso continuo di energia, entusiasmo e creatività.

Lo stress proviene dal lavorare a cose che non sono coerenti con i vostri valori principali. Esaminate i vostri valori, le vostre credenze e convinzioni più intime, e chiedetevi che cambiamenti potreste fare per portare le vostre attività all'esterno e le vostre priorità di vita all'interno a essere più allineate tra loro.

Voi siete straordinari

Rendetevi conto e accettate che voi siete una persona unica e meravigliosa. I vostri valori sono cresciuti e si sono evoluti nel corso della vostra intera vita. Sono emersi come risultato di innumerevoli influenze ed esperienze. Fanno parte del vostro DNA psicologico ed emotivo.

Fanno parte del vostro carattere e della vostra personalità.

I valori cambiano raramente nel corso del tempo. Il vostro lavoro è determinare quali sono realmente i vostri valori più profondi, e poi organizzare la vostra vita in modo che viviate e lavorate in modo coerente con quei valori.

Analizzate voi stessi

Ecco quattro esercizi di completamento delle frasi che potete usare per avere una visione migliore della persona che siete veramente dentro. Completate ogni frase:

1. **"Io sono . . ."** Se uno sconosciuto vi chiedesse, "Chi sei veramente?" quale sarebbe la vostra risposta? Quali sono le prime parole che usereste per descrivere voi stessi? Vi descrivereste in termini del vostro lavoro, delle vostre qualità come persona, delle vostre speranze, dei vostri sogni, delle vostre aspirazioni? Selezionate da tre a cinque parole per completare la frase, "Io sono .. ."

   Se intervistaste le persone attorno a voi, le persone con cui vivete e lavorate, e poneste loro la stessa domanda su voi stessi, cosa direbbero? Come vi descriverebbero le altre persone in termini dei vostri valori e della persona che siete realmente? Sulla base di come vi comportate e di come trattate le altre persone, che conclusioni trarrebbero sulla persona che siete dentro?

2. **"Le persone sono . . ."** Pensate alle persone in generale, nel mondo attorno a voi. Come descrivereste la razza umana? Le persone sono buone, calde e amorevoli? Le persone sono pigre, infide e inaffidabili?

   La vostra risposta avrà un'influenza importante su come trattate le altre persone in ogni ambito della vostra vita. Determinerà praticamente tutto quello che otterrete come dirigente e come persona con la vostra famiglia e i vostri amici.

3. **"La vita è . . ."** La vostra risposta qui può sembrare semplice ma parla della vostra intera filosofia di vita. Le persone positive, felici e in salute vedono la vita come un'esperienza meravigliosa, piena di alti e bassi, ma sicuramente nel complesso una grande avventura.

   C'è una storia di un giovane uomo che va da un vecchio filosofo e dice, "La vita è dura." Il filosofo replica, "Rispetto a cosa?"

Come ha detto Helen Keller, "La vita è o un'avventura sfidante o non è nulla." Cosa è la vita per voi?

4. "Il mio più grande obiettivo nella vita..."
Se potreste avere una bacchetta magica e raggiungere un singolo grande obiettivo nella vita, quale obiettivo, sia esso a breve o a lungo termine, avrebbe il maggior impatto positivo sulla vostra vita?

Ora, completate queste frasi: "Il mio più grande obiettivo nella mia carriera è..." "Il mio più grande obiettivo per la mia famiglia è..."

Queste sono alcune delle domande più profonde e importanti che potete mai chiedervi e a cui dare una risposta. Quando vi sarete chiariti sulle risposte, il che non sarà facile, potete poi chiedervi che cambiamenti vi servirebbero per far sì che il vostro uso del tempo e le vostre priorità di vita siano più allineati tra loro.

La vita comincia a diventare grande solo quando decidiamo con chiarezza quali sono i nostri obiettivi più importanti nella vita. Quali sono i vostri obiettivi più importanti?

Pensare alla vostra visione e alla vostra missione

Uno dei libri migliori e più profondi scritti negli ultimi anni è "Pensare rapidamente e lentamente" di Daniel Kahneman. La sua intuizione è che dobbiamo usare due diversi tipi di pensiero per affrontare la varietà di situazioni che affrontiamo nelle nostre vite quotidiane.

Il pensiero veloce è il tipo di pensiero che usiamo per affrontare compiti, responsabilità, attività, problemi e situazioni a breve termine. Agiamo velocemente e istintivamente. In molti casi, il pensiero veloce è decisamente appropriato per le nostre attività giornaliere.

Il secondo tipo di pensiero che Kahneman descrive è il pensiero lento. Questo è quando fate un passo indietro e vi prendete più tempo per pensare con attenzione ai dettagli della situazione prima di decidere quello che farete.

La mancanza del pensiero lento quando è richiesto e necessario è la causa di molti degli errori che commettiamo nella vita. Per diventare esperti nella gestione del tempo e avere la vostra intera vita sotto controllo, dovete usare il "pensiero lento" regolarmente.

Cominciate con la domanda, "Cosa sto cercando di fare?"

Pensare prima di agire

Molto spesso vi potete trovare a lavorare molto duramente, ma non avete preso il tempo per fare un passo indietro e pensare a cosa volete realmente realizzare.

C'è la storia di un marito e una moglie che partono in auto per un viaggio da San Diego a Los Angeles. L'uomo non conosce la strada ma viaggia comunque a tutta velocità. Ad un certo punto, la moglie dice, "Tesoro, Phoenix è sulla strada per Los Angeles?"

Lui allora dice, "Perché me lo chiedi?" Lei risponde, "Beh, abbiamo appena superato un cartello che dice che siamo sulla strada per Phoenix." Lui replica, "Non ha importanza. Stiamo andando alla grande!"

Prima di premere sull'acceleratore della vostra vita, dovete sviluppare un'assoluta chiarezza su quello che state realmente cercando di raggiungere.

Nel "Dizionario del diavolo", Ambrose Bierce ha scritto che "la definizione di fanatismo è quella di raddoppiare i vostri sforzi dopo che è stato dimenticato l'obiettivo."

Il vostro obiettivo è avere una grande vita? State cercando di costruirvi una grande carriera o realizzare un bel lavoro? La vostra abilità di fare un passo indietro e di farvi coinvolgere nell'auto analisi e nell'introspezione—pensiero lento—è essenziale per organizzare il vostro tempo in modo tale da essere più produttivi e da raggiungere la massima quantità di gioia, soddisfazione e felicità da quello che fate.

Tenere in mente il fine

Siate chiari sui risultati che volete raggiungere.

Tenete in mente il fine. Quale è il risultato, l'esito o il traguardo che state tentando di raggiungere? Dove volete arrivare alla fine della giornata? Mentre salite la scala del successo, siate sicuri che sia appoggiata contro l'edificio giusto.

State lavorando in modo da guadagnare abbastanza denaro per essere sicuri ed essere felici? State lavorando perché amate il vostro lavoro, o perché vi sentite in una missione per raggiungere qualcosa di molto importante?

Come sarebbe il mondo se voi raggiungeste il vostro obiettivo più grande? Quale è la visione di voi e della vostra carriera a lungo termine? Quale è la vostra missione? Che differenza volete fare nelle vite delle altre persone?

Se tutti voi state lavorando per guadagnare abbastanza denaro per pagare le vostre bollette, sarà difficile per voi costruire e mantenere un alto livello di impegno e di entusiasmo. Per essere realmente felici e realizzati, dovete lavorare per il raggiungimento di qualcosa che è più grande di voi stessi e che fa una differenza nella vita o nel lavoro degli altri.

Esaminare la vostra metodologia

Quando vi siete chiariti su quello che state cercando di fare, dovete chiedervi, "Come sto cercando di farlo?" Ogni volta che vi chiedete e rispondete a queste due domande, guadagnerete una comprensione di valore che vi permetterà di guardare la vostra situazione e sapere se siete sulla strada giusta.

Una volta che vi siete chiariti su cosa state cercando di fare e su come state cercando di farlo, dovete poi porvi una terza domanda: "Come sta andando?"

Quello che state facendo vi sta portando verso quello che volete nel modo più veloce ed efficiente possibile? Siete felici del vostro tasso di progresso? Le cose stanno andando bene o state provando troppi blocchi e ostacoli lungo il vostro viaggio?

Quali sono le vostre supposizioni sul vostro lavoro e sulla vostra vita? Quali sono le vostre supposizioni consce? Quali sono le vostre supposizioni inconsce e spesso incontestate? È incredibile quante persone che lavorano duramente lo stiano facendo sulla base di supposizioni false che non hanno mai messo in discussione.

Cercare una via migliore

Mentre riflettete sulla domanda "Come sta andando?", dovreste considerare anche un'altra domanda importante: "Potrebbe esserci una via migliore?"

Il fatto è che c'è quasi sempre un modo migliore e diverso per raggiungere un obiettivo. Quest'altro modo può essere più veloce, più economico, più facile e più efficace.

C'è un detto meraviglioso che dice, "C'è di più nella vita che aumentare semplicemente la velocità."

Molte persone stanno lavorando molto duramente ma stanno andando nella direzione o sul sentiero sbagliato. Non hanno chiaro cosa stanno cercando di fare e dove vogliono andare a parare. Ma non vogliono affrontare o considerare la possibilità che potrebbero avere torto.

Il processo di porre domande difficili richiede il pensiero lento, ma può aumentare in modo significativo la velocità con cui raggiungerete i vostri obiettivi di business e la vostra visione e missione.

<u>Preparare dei piani scritti</u>

Tutti i manager di successo sono dei buoni pianificatori. Preparano liste e sotto liste per raggiungere ogni obiettivo grande e piccolo. Ogni volta che un nuovo progetto finisce sulle loro scrivanie, si prendono il tempo per pensare esattamente a quello che vogliono raggiungere, e poi per scrivere una lista ordinata, in sequenza, di ogni passo necessario per il completamento del progetto.

C'è una regola che dice che ogni minuto speso nella pianificazione fa risparmiare dieci minuti nell'esecuzione. Il tempo che prendete per pensare su carta riguardo a qualcosa che dovete realizzare, prima che cominciate a lavorare, vi darà un rendimento in energia personale del 1000 per cento —dieci minuti risparmiati per ogni minuto che investite in pianificare il vostro lavoro come prima cosa.

Una volta che vi è chiaro il vostro obiettivo, fate una lista di tutto quello che potete pensare che dovrete fare per raggiungere quell'obiettivo. Continuate ad aggiungere nuovi articoli alla lista quando vi vengono in mente, fino a quando la vostra lista sarà completa. Organizzate la vostra lista in due modi: per sequenza e per priorità.

Primo, organizzando in sequenza, voi create una lista di attività in ordine cronologico, dal primo passo a quello finale prima del completamento dell'obiettivo o del progetto.

Secondo, mettete delle priorità su questi articoli, rendendovi conto che quel 20 per cento degli articoli sulla vostra lista conterrà per l'80 per cento del valore e dell'importanza di tutte le cose che fate. Porre delle priorità vi permette di restare concentrati senza distrarvi sui vostri compiti e attività chiave.

Le cose che più importano non devono mai essere alla mercé delle cose che importano meno.

Rivedete i vostri piani regolarmente, specialmente quando provate frustrazioni o resistenze di qualsiasi tipo. Siate pronti a rivedere i vostri piani quando ricevete nuovi informazioni o feedback.

Ricordate che quasi ogni piano ha delle pecche, grandi o piccole. Cercatele in continuazione. Quando rivedete i vostri piani quotidianamente, avrete nuove idee, prospettive e intuizioni su come completare il compito meglio e più velocemente di come potevate aver pensato inizialmente.

Agire senza pianificare è la causa di ogni fallimento. Resistete alla tentazione di agire prima di aver pianificato tutto completamente in anticipo.

Pianificare per il raggiungimento di un obiettivo

Forse la parola più importante legata al successo di qualsiasi tipo è *chiarezza*.

Le persone di successo sono molto chiare su chi sono e su cosa vogliono, in ogni area delle loro vite. Oltre agli obiettivi scritti, le persone di successo scrivono piani di azione che seguono ogni giorno.

Una volta che avete posto un obiettivo più grande per voi stessi e/o il vostro business, fatevi queste domande:

- Quali sono le difficoltà e gli ostacoli che si frappongono tra voi e il raggiungimento del vostro obiettivo? Perché non siete già arrivati al vostro obiettivo? Cosa vi sta trattenendo? Cosa si frappone nel vostro cammino? Che problemi dovete risolvere, che difficoltà dovete superare per raggiungere alla fine il vostro obiettivo? Di tutti i problemi che dovete risolvere, quale è il venti per cento dei problemi che contano per l' 80 per cento degli ostacoli tra voi e il vostro obiettivo?

- Quali altre informazioni, abilità, conoscenze, sono richieste per raggiungere il vostro obiettivo e completare il vostro progetto? Ricordate il detto, "Qualunque cosa abbiate fatto per arrivare dove siete oggi non è abbastanza per portarvi più avanti." Dove potete acquisire la conoscenza e le abilità necessarie per raggiungere il vostro obiettivo? Potete comprare o affittare la conoscenza o le informazioni? Avete bisogno di sviluppare nuove abilità per raggiungere il vostro completo potenziale nel vostro lavoro? Quale informazione è essenziale per voi per prendere le giuste decisioni nel processo di raggiungimento del vostro obiettivo?

- Chi sono le persone, i gruppi o le organizzazioni il cui aiuto o supporto avete bisogno per ottenere il vostro obiettivo? Qualche volta, una singola persona può darvi idee, intuizioni o aprirvi porte, aiutandovi a raggiungere molto di più di quello che avreste mai creduto possibile. È lo stesso motivo per cui molti uomini d'affari entrano in joint venture e in alleanze strategiche con i loro concorrenti per offrire prodotti e servizi ai clienti dell'altro che loro stessi non potrebbero offrire al momento.

- Di tutte le persone che possono aiutarvi a raggiungere il vostro obiettivo, quale è la persona più importante di tutte? Cosa potreste offrire in cambio per avere l'aiuto e la cooperazione di questa persona in modo da poter raggiungere i vostri obiettivi più importanti ancora più velocemente?

I progetti più importanti di business, e nel mondo attorno a noi, sono completati da persone che preparano dei piani di azione dettagliati prima di cominciare. Fate dei piani scritti per voi e per i vostri affari, e poi seguite quei passi con attenzione fino a quando hanno successo.

Creare la vostra lista giornaliera delle "Cose da fare"

Forse lo strumento più potente di gestione del tempo è una lista delle attività giornaliere che voi creerete per usarla come piano per la vostra giornata.

Tutti i gestori del tempo di successo pensano sulla carta e lavorano sulla base di una lista giornaliera di attività. Proprio come un pilota usa una checklist prima di ogni decollo, i dirigenti efficaci si prendono alcuni minuti per creare una lista di "cose da fare" prima di iniziare ogni giornata.

Il momento migliore per preparare una lista è la notte precedente, in modo che il vostro subconscio possa lavorare sulla vostra lista mentre dormite. Quando vi sveglierete al mattino, spesso avrete le idee e le intuizioni per aiutarvi a raggiungere alcuni degli obiettivi più importanti della vostra lista.

Alla fine di ogni giorno, l'ultima cosa da fare dovrebbe essere la pianificazione del giorno successivo. In uno studio su una cinquantina di dirigenti aziendali altamente produttivi, quarantanove su cinquanta hanno detto che il miglior sistema di gestione del tempo che abbiano mai trovato era un semplice taccuino di carta in cui scrivevano tutto quello che dovevano fare prima di cominciare.

Dormire meglio

Molte persone si rigirano di notte cercando di non dimenticare qualcosa che devono fare il giorno successivo. Se vi preparate una lista prima di andare a dormire, scrivendo tutto quello che avete pianificato per il giorno lavorativo successivo, dormirete molto meglio e vi sveglierete più freschi e riposati.

Secondo gli specialisti della gestione del tempo, ci vogliono dodici minuti al giorno per scrivere una lista dei vostri compiti per una giornata. Questa lista, però, vi risparmierà dieci volte quella quantità di tempo in miglioramento della produttività. Dodici minuti passati a preparare una lista giornaliera vi darà un risultato di 120 minuti, o due ore di incremento di produttività, quando voi inizierete a lavorare veramente. Questo è un risultato incredibile per un compito così semplice.

Il metodo ABCDE

Una volta che avete fatto una lista di tutto quello che pianificate di fare per il giorno successivo, organizzate la vostra lista applicando alle vostre attività il metodo ABCDE.

La parola più importante nella gestione del tempo è *conseguenze*.

L'importanza di un compito dipende dalle conseguenze potenziali nel farlo o nel non farlo. Quando definite delle priorità, applicate questo principio a ogni compito e cominciate sempre con il compito che ha le conseguenze più grandi.

Qui è dove il metodo ABCDE è particolarmente utile. Cominciate col fare una lista di tutto quello che dovete fare il giorno successivo. Poi, scrivete una A, B, C, D, o E vicino a ogni compito sulla vostra lista prima di cominciare a lavorare.

Un compito segnato con la **A** è qualcosa che dovete fare. È qualcosa che ha conseguenze importanti che lo facciate o meno. Mettete una A vicino a quei compiti e attività che dovete completare nel corso della vostra giornata se volete adempiere alle vostre responsabilità.

I compiti **B** sono quelle cose che voi <u>dovreste</u> fare. Ci sono conseguenze leggere nel caso facciate (o non facciate) i compiti B, ma non sono importanti quanto le attività A. La regola è di non fare mai un'attività B quando c'è un'attività A lasciata in sospeso.

Le attività **C** sono piacevoli da fare, ma non hanno conseguenze – né positive né negative. Chiacchierare con un collega, prendersi un'altra tazza di caffè o controllare le vostre e mail sono cose belle da fare, e spesso piacevoli e divertenti, ma che le facciate o meno non hanno alcuna conseguenza in termini di efficacia del vostro lavoro. 50% del tempo lavorativo è passato nelle attività **C** – cose che non danno alcun contributo agli affari.

Ogni persona è una creatura abitudinaria. Le persone efficaci stabiliscono delle buone abitudini e le seguono come se fossero i loro padroni. Le persone inefficaci stabiliscono per errore delle cattive abitudini e poi quelle cattive abitudini governano le loro vite.

Molte persone prendono l'abitudine andare al lavoro e farsi coinvolgere immediatamente in attività che comportano perdita di tempo o che sono di nessuno o di scarso valore. Non appena arrivano, in genere cominciano a farsi prendere e trascinare dall'inerzia per tutta la giornata. Tuttavia – ogni volta che fate qualcosa ripetutamente questa diventa presto un'abitudine. È una sfortuna che la grande maggioranza delle persone al lavoro oggi abbiano stabilito l'abitudine di sprecare la maggior parte del loro tempo in attività che non contribuiscono nulla al loro lavoro o alle loro carriere. Non lasciate che questo accada anche a voi.

Delegate tutto quello che è possibile

Tornando al metodo ABCDE, un'attività **D** è qualcosa che potete delegare a qualche altra persona. La regola è che dovreste delegare tutto quello che potete ad altre persone per liberare quanto più tempo possibile per impegnarvi nelle vostre attività **A**.

Le vostre attività A, e il loro completamento positivo, determinano in gran parte l'intero corso della vostra carriera.

Un'attività **E** è qualcosa che dovreste *eliminare* completamente. Dopo tutto, potete tenere il vostro tempo sotto controllo se smettete di fare cose che non sono più necessarie che facciate.

È normale e naturale che le persone scivolino in una zona di confort nel corso del loro lavoro e della loro carriera. Si sono trovate a loro agio facendo alcune attività in un certo modo. Anche dopo che sono state promosse a un livello di responsabilità più alto, continuano a tornare a fare cose che non sono più realmente necessarie o che altre persone potrebbero fare altrettanto bene o anche meglio.

Chiedetevi, "Cosa succederebbe se non mi facessi coinvolgere più in questa attività?" Se facesse poca o nessuna differenza per il vostro lavoro o la vostra carriera, è una seria candidata per essere eliminata.

Pianificate il vostro lavoro e lavorate sul vostro piano

Non fate mai nulla che non sia sulla vostra lista. Se arriva una nuova attività o un nuovo progetto, scrivetelo sulla vostra lista e decidete la sua priorità prima di iniziare a lavorarci. Se non scrivete le vostre idee e attività, e invece reagite e rispondete alle continue richieste nel corso del vostro tempo, perderete velocemente il controllo della vostra giornata e finirete con passare la maggior parte del vostro tempo in attività con poco o nullo valore.

Qualsisia sistema di gestione del tempo è migliore di nessun sistema di gestione.

Ci sono molte app per smartphone per aiutarvi a gestire il vostro tempo. Ci sono sistemi di gestione del tempo che potete installare sul vostro computer. Potete usare un sistema scritto di gestione del tempo che potete portare con voi e aggiornare regolarmente.

Ricordate solamente che nel mondo del lavoro, l'unica cosa che avete da vendere è il vostro tempo. Siate sicuri che state focalizzando il vostro tempo sulle cose più importanti e di valore che potete fare in modo da rendere il vostro contributo al lavoro il più importante possibile.

La lista delle cose da non fare

Proprio come avete bisogno di una lista delle cose da fare per guidarvi in un giornata intensa, avete bisogno anche di una lista delle cose da non fare per mantenervi sul binario giusto. Queste sono cose che decidete, in anticipo, che non farete, indipendentemente da quanto siano tentatrici quando si presentano.

"Dite semplicemente no!" – a qualunque attività che non fornisce il valore più elevato al vostro tempo.

"No" è la parola che più fa risparmiare tempo nel mondo della gestione del tempo. E una volta che iniziate a usare questa parola, diventa sempre più facile dirla.

Ricordate, le persone sono le fonti più grandi di perdite di tempo. Quando le persone vi chiedono se fareste qualcosa o le aiutereste in qualche modo, chiedetevi, "Questo sarebbe l'uso più remunerativo del mio tempo, adesso?" Se la risposta è "no," potete gentilmente replicare, "Beh, grazie per avermelo chiesto. Lasciami pensare e guardare il mio calendario. Ti risponderò e ti farò sapere se potrò o meno aiutarti."

Ricordate, potete tenere il vostro tempo sotto controllo solamente se smettete di fare cose di scarso valore.

<u>Restate concentrati</u>

"Quale è l'uso migliore del mio tempo proprio adesso?"

Visto che è la domanda più importante di tutte nella gestione del tempo, ponetevi questa domanda in continuazione fino a quando diventerà un pilota automatico che vi motiva e vi guida a concentravi sui compiti o le attività di valore più elevato.

Quando organizzate tutto il vostro tempo e le vostre attività lavorative attorno alla risposta, vi stupirete di quanto e quanto velocemente diverrete più produttivi.

Ogni attività su cui lavorate fornisce un valore di un qualche tipo, alto o basso. Il vostro lavoro è di concentrarvi sull'uso più redditizio del vostro tempo e di fare in modo di lavorare continuamente su quelle poche attività che forniscono il maggiore contributo al vostro lavoro e ai vostri affari.

Un principio che è uno stile di vita

Questa selezione dell'uso migliore del vostro tempo si applica a ogni area della vostra vita.

Qualche volta, l'uso più redditizio del vostro tempo, specialmente se state lavorando molto duramente, è tornare a casa e andare a letto presto per una notte di buon sonno.

Qualche volta l'uso più redditizio del vostro tempo è quello di passare del tempo faccia a faccia con le persone importanti della vostra vita.

Qualche volta l'uso migliore del vostro tempo è di prendersi buona cura della vostra salute fisica – mangiando i cibi giusti, trovando il tempo per fare esercizio fisico regolarmente, e prendendo il necessario riposo e rilassamento di cui avete bisogno per agire al meglio.

Qualche volta l'uso più redditizio del vostro tempo è passarlo semplicemente con la vostra famiglia o leggendo un buon libro invece di guardare la televisione. In altri casi, l'uso più redditizio del vostro tempo sarà quello di socializzare; restare con la famiglia e gli amici di cui amate la compagnia in modo da potervi rilassare e diminuire lo stress.

Quello che più ha importanza per voi è che siate sempre a porvi questa domanda: "Quale è l'uso più redditizio del mio tempo proprio ora?"

Poi imponetevi di iniziare e completare quell'attività – qualunque essa sia. Quando cominciate a incorporare questo suggerimento tra le vostre abilità nella gestione del tempo, diventerete un manager efficiente del vostro tempo.

L'importante vs. l'Urgente

In termini dei vostri compiti e attività, porre delle priorità riguarda in gran parte il separare le "poche vitali" dalle "molte irrilevanti."

Ci sono quattro tipi di attività che affrontate ogni giorno. La vostra abilità di organizzare queste attività nelle categorie corrette può aumentare significativamente la vostra produttività.

Ognuna di queste attività può essere messa in un box o quadrante diverso.

Quadrante 1: Urgente e Importante

Un'attività importante (urgente) è qualcosa che ha *conseguenze a lungo termine* – qualcosa che non può essere rimandato o posticipato.

Un'attività che è sia urgente sia importante è qualcosa che è "indipendente da voi." È determinata in gran parte da domande esterne del vostro tempo, da attività e responsabilità che dovete cominciare e completare.

Ci sono persone che dovete vedere, cose che dovete fare, e posti in cui dovete andare. Ci sono clienti da visitare, compiti da completare, e attività che altri stanno aspettando che voi terminiate. La maggior parte delle persone passa molto del proprio tempo lavorativo in attività che sono vitali e urgenti. Le vostre attività più importanti, le vostre priorità più alte, sono sia importanti sia urgenti.

Questo è chiamato il "quadrante dell'immediatezza."

Quadrante 2: Importante, ma non urgente

Il secondo tipo di attività è quello delle attività che sono *importanti, ma non urgenti*. Possono essere ritardate o posticipate, almeno per un breve periodo.

Un esempio di attività che è vitale ma non urgente potrebbe essere una relazione importante che dovete aver scritto, approvato e consegnato entro la fine del mese.

Oppure pensate a una tesina per l'università. È qualcosa che è vitale perché superiate l'esame alla fine del semestre ma è anche qualcosa che potete posticipare per settimane e mesi, e spesso succede così. (Molte tesine sono scritte la notte prima della scadenza. Quello che una volta era vitale ma non urgente all'improvviso diventa veramente molto urgente.)

In tutta la vostra vita, siete circondati da attività importanti ma non urgenti. Così, le posticipate. La maggior parte delle persone che falliscono o rendono al di sotto delle proprie capacità al lavoro hanno sfortunatamente posticipato il miglioramento delle loro capacità e abilità così a lungo che sono stati semplicemente superati o sovrastati da altre persone più aggressive e determinate.

Queste attività cadono nel "quadrante dell'efficacia."

*Q*uadrante 3: Urgente, ma non importante

Probabilmente avete persone che vengono nel vostro ufficio, vi chiamano o vi messaggiano, vi mandano email, ma le vostre risposte a loro contribuiscono poco o per nulla ai vostri affari o al vostro lavoro. Rappresentano attività che sono *urgenti, ma non importanti.*

Queste attività cadono in quello che spesso è chiamato "quadrante della delusione."

Le persone credono che perché sono coinvolte in queste attività durante la giornata lavorativa, allora devono avere qualche valore. Molte persone passano la metà del loro tempo coinvolte in attività che sono urgenti, ma non importanti. Sono divertenti, facili e piacevoli ma non forniscono alcun contributo al lavoro.

Molte di queste attività riguardano conversazioni vuote con i colleghi o attività dal valore nullo o basso.

*Q*uadrante 4: Non urgente e non importante

Il quarto tipo di attività in cui le persone sono coinvolte sono quelle attività che *non sono né urgenti né importanti*.

Queste attività cadono nel "quadrante della spazzatura" – attività che hanno un valore pari a zero per le persone o per le loro aziende. Leggere email spam o leggere le pagine sportive, andare a fare shopping durante il giorno, o guidare tra un appuntamento e un altro ascoltando la radio—sono tutti esempi di attività che non sono né urgenti né importanti.

Sviluppare buone abitudini lavorative

Se fate qualcosa ripetutamente, presto questa attività diventerà un'abitudine. E un'abitudine, una volta formata, è difficile da rompere.

Molte persone hanno sviluppato l'abitudine di spendere molto del loro tempo su attività di poco o nessun valore, e poi sono molto stupiti quando sono licenziati dal loro lavoro o non sono considerati per una promozione.

La chiave per una buona gestione del tempo è che voi poniate delle priorità e lavoriate sempre su quello che è *urgente e importante* – vale a dire sulle vostre attività più importanti e pressanti.

Una volta che siete al passo con queste attività, potete immediatamente iniziare a lavorare su quelle attività che sono importanti ma al momento non urgenti. Le attività che sono importanti ma non urgenti sono usualmente quei compiti e quelle attività che possono contribuire a lungo termine alla vostra carriera in modo significativo.

<u>Determinare le vostre aree chiave di risultato</u>

Forse la chiave più importante per un'alta produttività è che vi focalizziate e vi concentriate sulle cose più importanti e più di valore che potete fare nel corso della giornata.

Sviluppare un'assoluta chiarezza sulle vostre aree chiave di risultato è essenziale per l'efficacia e l'alta produttività.

Le vostre aree chiave di risultato sono quelle cose per cui siete stati assunti per fare, raggiungere o completare. Sono le vostre priorità principali in termini di valore con cui contribuite al vostro business. Sono i compiti che, una volta raggiunte, determinano se avete o meno adempiuto alle vostre responsabilità nei confronti della vostra azienda e/o di voi stessi.

Un'area chiave di risultato (KRA) si può definire in quanto ha tre qualità specifiche:

- È qualcosa che dovete assolutamente fare per adempiere alle vostre responsabilità.

- È qualcosa di cui siete al cento per cento responsabili. Se non la fate voi non c'è nessun altro che possa o voglia farlo al posto vostro.

- È qualcosa che è completamente sotto il vostro controllo. Non avete bisogno di assistenza o della partecipazione di qualcun altro per completarla.

Restare in carreggiata

Una seconda domanda che riguarda le aree chiave di risultato è: "quello che posso fare solo io, se fatto veramente bene, provocherà una reale differenza nella mia organizzazione?"

Ci sono cose che solo voi potete fare. Se non le fate, nessun altro le farà per voi.

Se le fate bene, farà una differenza per il vostro lavoro e la vostra azienda. Queste sono le attività specifiche che forniscono il valore più grande al vostro lavoro. Perché possiate agire al vostro livello più alto, dovete assolutamente chiarirvi su quali sono quelle attività che sono di maggior valore rispetto a qualsiasi altra, e che solo voi possiate eseguire con distinzione.

Ricordate, ci sono sempre piccole cose che potete fare che, se fatte bene, provocheranno una differenza minima al vostro successo o ai vostri contributi.

Concentrarsi sulle aree chiave di risultato è la via più diretta per liberare l'efficacia, la forza, la persuasione, l'entusiasmo e l'energia.

Otterrete sempre una forte sensazione di fiducia in voi stessi e di forza personale nel completare qualcosa che è significativo e importante, sia per voi sia per la vostra azienda.

Al contrario, nell'età della distrazione, voi in realtà provate sentimenti di bassa autostima, di frustrazione, di stress e, spesso, di depressione quando state facendo qualcosa che sapete fare poca differenza per l'ottenimento dei vostri obiettivi principali.

Definire le vostre aree chiave di risultato

Raramente ci sono più di cinque o sette aree chiave di risultato in qualsiasi lavoro. Ogni KRA è un'attività specifica che dovete fare se volete completare le responsabilità del vostro lavoro nel complesso.

Per esempio, se siete un venditore, le vostre aree chiave potrebbero essere:

1. Vedere in prospettiva (per esempio trovare nuovi clienti con cui parlare)

2. Costruire rapporti di fiducia con gli eventuali prospetti in modo che siano pronti ad ascoltarvi

3. Identificare accuratamente i bisogni

4. Presentare il vostro prodotto in modo persuasivo

5. Rispondere chiaramente alle obiezioni

6. Chiudere la vendita

7. Ottenere altre vendite e referenze dai clienti soddisfatti

Ognuna di queste attività deve essere eseguita per far sì che un venditore completi le sue responsabilità.

Oppure, se voi foste un manager, avreste probabilmente anche voi sette aree chiave di risultato. Esse sono:

1. Pianificare (decidere esattamente cosa va fatto)

2. Organizzare (mettere insieme le persone, il denaro e le risorse necessarie per completare il piano)

3. Assumere (trovare le persone giuste per il lavoro)

4. Delegare (essere sicuri che le persone sappiano esattamente cosa si pensa che facciano, con che tempi e con quale livello di qualità)

5. Supervisionare (essere sicuri che ogni lavoro sia fatto nei tempi previsti con il livello richiesto di qualità)

6. Riferire (essere sicuri che ogni persona sopra di voi, vicino a voi e

sotto di voi sappia esattamente cosa state facendo e raggiungendo)

Più del novanta per cento di tutti i problemi nella gestione o nella vita provengono dal "perdere la palla" in una di queste aree chiave di risultato. È come lasciar fuori un ingrediente importante in una ricetta culinaria. Per qualche motivo, il piatto semplicemente non sembra buono come dovrebbe.

È importante che identifichiate le KRA per il vostro lavoro specifico.

La chiarezza è essenziale

Tutti a qualunque livello di un'organizzazione dovrebbe sapere quali sono i propri risultati chiave.

Non ha importanza dove vi troviate nella vostra organizzazione, dovete sapere due cose:

Primo, quali sono le aree chiave di risultato del vostro capo? Cosa deve raggiungere il vostro capo che è di più grande importanza rispetto a qualsiasi altra cosa per il successo dell'organizzazione? Se non sapete le risposte a queste domande, non siete in grado di aiutare il vostro capo a fare il suo lavoro, il che è molto importante per il vostro successo personale.

Secondo, dovete sapere quali sono le vostre aree di risultato chiave.

<u>Delegare agli altri</u>

Uno degli strumenti migliori della gestione del tempo che possiate avere è disporre di qualche altra persona che faccia il compito richiesto. La vostra abilità nel delegare ad altri che possano fare lo svolgimento di compiti di valore inferiore è una delle abilità vitali per il manager moderno.

Delegate tutto quello che possono fare altri bene o anche meglio di voi, se potete.

Usate la "regola del 70 per cento " – se qualcun altro può svolgere un particolare compito almeno il 70 per cento bene come voi, questo lavoro è un candidato perfetto per passare da vostro a diventare un lavoro di quella persona.

Moltiplicate il vostro valore

Delegare vi permette di muovervi da qualcosa che potete fare personalmente a quello che potete gestire.

Delegare vi permette di fare leva sul vostro talento e sulle vostre abilità, e moltiplicarli per tutte le volte che altre persone possono fare parti più piccole del lavoro. Avete sempre una scelta. Potete farlo voi stessi, o potete avere qualcun altro che lo faccia.

L'alta produttività richiede che pensiate sempre secondo il secondo approccio: "Chi altro può fare questo lavoro oltre a me?"

Si può imparare a delegare

Imparate le capacità per delegare correttamente.

Scegliete la persona giusta per gestire ciascun compito. Pensate alla sequenza temporale, alle scadenze, agli standard da raggiungere e a un piano di revisione. Potete anche delegare la soluzione dei problemi e la presa delle decisioni se sono tra i vostri doveri e le vostre responsabilità. Potete delegare la ricerca e la raccolta di informazioni.

Potete delegare ogni compito che qualcun altro può fare bene quanto voi.

Senza l'abilità di delegare bene e con efficienza finirete sempre con troppe cose da fare e troppo poco tempo. Finirete con fare troppe cose di scarso o nessun valore.

Concentrarsi su una singola cosa

La concentrazione e la gestione di una singola cosa sono requisiti essenziali per il raggiungimento degli obiettivi.

La concentrazione implica che una volta che cominciate il vostro compito più importante, decidiate di proseguire senza distrazioni o deviazioni. La vostra abilità di concentrarvi singolarmente sull'uso più importante del vostro tempo è il requisito numero uno per il successo.

Potete affrontare ogni requisito con l'intelligenza, l'abilità e la creatività, ma se non riuscite a concentrarvi su una cosa alla volta, allora non potete avere successo.

Dovete prima di tutto fare le cose importanti, una alla volta, e le cose secondarie non considerarle per nulla. Se non vi imponete di concentrarvi mentalmente, vi ritroverete invariabilmente a lavorare su attività a bassa priorità.

Datevi sempre il tempo sufficiente per le vostre priorità principali. Immaginate quanto tempo ci vorrà per fare il lavoro e poi aggiungete un 30% per sicurezza – per tenere conto delle interruzioni inaspettate, delle emergenze e di nuove responsabilità.

Con un 30% in più, sarete probabilmente abbastanza vicini alla corretta stima del tempo necessario per fare il lavoro. Questo è uno dei segreti per ottenere alti livelli di produttività nel vostro lavoro.

Praticare la gestione singola

La gestione singola è una fra le tecniche più importanti della gestione del tempo e anche uno dei principi più importanti della gestione della vita.

Una volta che iniziate un'attività, proseguitela fino a quando è completa al 100%. La gestione singola richiede che non continuiate a prendere e a mollare in continuazione la stessa attività, passando a qualcosa di diverso per poi riprenderla in mano.

Con la gestione singola, una volta che prendete un'attività e la cominciate, dovete applicarvi a portarla a termine prima di passare all'attività successiva. Applicate la gestione singola alle vostre mail e alla vostra corrispondenza. Deselezionate subito le attività non importanti e affrontate i documenti importanti solo una volta, compilandoli o rispondendo immediatamente.

Il principio della gestione singola—reso famoso dall'esperto di gestione del tempo Alan

Lakein—proviene dagli studi del tempo e del movimento che comparavano i risultati delle persone che si concentravano su una sola attività rispetto al risultato delle persone che andavano e venivano rispetto a un'attività – mollando e riprendendo quest'attività molte volte nel corso del completamento della stessa.

Quello che hanno trovato questi studi è che ogni volta che si abbandona un'attività e si passa a qualcosa di diverso, si perde il ritmo e lo slancio. E si perde traccia del punto in cui si era in quel lavoro. Quando si ritorna all'attività, non resta altra scelta che riguardare il lavoro precedente, riprendere il filo di dove si era arrivati e poi ricominciare di nuovo.

Questo processo alla fine richiede fino al 500% del tempo altrimenti necessario per completare un'attività se si fosse cominciata e si fosse rimasti concentrati su di essa fino al suo intero completamento. In parole povere, la gestione singola può ridurre il tempo speso per completare un'attività importante di un tempo fino all'80%, e far crescere in modo esponenziale la qualità del lavoro finito.

Evitare il Multitasking

Al giorno d'oggi c'è un grosso dibattito sul concetto del multitasking. Alcune persone sentono di essere perfettamente in grado di operare con alti livelli di produttività lavorando su parecchie attività contemporaneamente.

Studi hanno provato che questa idea è completamente falsa.

Quello che hanno scoperto gli esperti è che il multitasking è in realtà uno "spostamento di attività." Il fatto è che si può fare solamente una cosa alla volta. Se si smette di fare un'attività per passare a un'altra, si deve portare tutta la propria attenzione ed energia alla nuova attività. Quando si ritorna all'attività precedente, si sta semplicemente effettuando uno spostamento di attenzione, come puntare un raggio di luce da un obiettivo a un altro. Poi ci si deve riconcentrare per riprendere velocemente a lavorare sulla nuova attività.

Scemo e più scemo

Secondo USA Today, ogni volta che si passa da un'attività a un'altra, si brucia una certa quantità di energia mentale e di intelligenza. Alla fine di una dura giornata lavorativa di multitasking, si può perdere fino a dieci punti di IQ.

Perciò diventando progressivamente più stupidi nel corso della giornata, si arriva a sentirsi bruciati e spesso indecisi anche verso le cose più piccole – come cosa si vuole per cena o cosa guardare in tv alla sera.

Il multitasking è un uso insidioso del tempo. Può in realtà sabotare la vostra carriera e indebolire la vostra abilità nel completare le attività più importanti da cui dipende tutto il vostro successo.

Decidere di concentrarsi

Decidete oggi di rendere un'abitudine pianificare attentamente il vostro lavoro, porre priorità e poi cominciate a lavorare sulla vostra attività più importante. Una volta che avete cominciato la vostra attività più importante, decidete che lavorerete su di essa singolarmente, senza distrazioni o deviazioni, fino a quando l'attività è completata.

Una delle tecniche usate da dirigenti altamente produttivi è di lavorare a casa al mattino o di sera, o nel fine settimana, quando ci si può concentrare su una singola azione senza interruzioni di alcun tipo.

Un'altra chiave per la concentrazione singola è di evitare l' "attrazione della distrazione." Invece di rispondere a ogni mail o a ogni squillo del telefono, "lasciate andare le cose!" Chiudete la porta, spegnete tutti i vostri dispositivi, e metteteli da parte in modo che possiate lavorare su un'attività che possa fare la differenza più grande in quel momento per la vostra azienda e la vostra carriera.

Quando avrete questa abitudine, la vostra produttività, la vostra performance e i vostri risultati raddoppieranno e triplicheranno quasi immediatamente.

CAPITOLO 4: Come superare la procrastinazione

È stato detto che la "procrastinazione è il ladro del tempo." La vostra abilità di superare la procrastinazione e terminare il lavoro in tempo può fare tutta la differenza tra il successo e il fallimento.

Tuttavia, il fatto è che tutti procrastinano. Tutti hanno molto da fare e troppo poco tempo. Ma se tutti procrastinano, quale è la differenza tra chi produce tanto e chi poco?

Semplice. Chi produce molto procrastina le attività e i compiti di basso o nessun valore.

Chi produce poco procrastina attività che sono di valore considerevole. Per voi che producete al vostro massimo, dovete decidervi di affrontare la "procrastinazione creativa" per andare avanti.

Decidete consciamente e deliberatamente quali attività posticipare. Guardate la vostra lista di lavori per la giornata e scegliete quali attività non farete fino a quando avrete completato le altre attività che sono più importanti. Dovete lavorare consciamente e deliberatamente invece di procrastinare accidentalmente e automaticamente.

Tendiamo sempre a procrastinare le nostre attività più grosse – che di solito sono anche le nostre attività a valore più elevato. C'è una serie di tecniche che potete usare per superare, o almeno gestire, la procrastinazione. In effetti ci sono biblioteche intere di libri sull'argomento della procrastinazione.

Ecco alcune buone idee che potete intraprendere sin da subito.

Programmazione mentale

"Fallo ora!"

Queste sono forse le parole più potenti che potete usare per aumentare la vostra produttività. Ogni volta che vi trovate a procrastinare un'attività importante, ripetete a voi stessi, con energia ed entusiasmo, "Fallo ora! Fallo ora! Fallo ora!"

La cosa incredibile è che, dopo che vi siete ripetuti questi parole più e più volte, vi ritroverete inconsciamente obbligati a restare sulla vostra attività più importante e a completare quel lavoro prima di fare qualsiasi altra cosa.

Completare le attività più grosse

Henry Ford una volta ha scritto, "Qualsiasi obiettivo può essere raggiunto se si spezza in parti abbastanza piccole."

Qualsiasi grossa attività che dovete completare possono essere completate più facilmente se la spezzate in parti abbastanza piccole – per dividere la vostra attività in "bocconcini."

Prendete un pezzo di carta e scrivete ogni piccola parte dell'attività che dovete fare, in sequenza, dal primo piccolo lavoro al lavoro finale che completa l'attività. Poi, obbligatevi a fare il "numero uno" della vostra lista.

Qualche volta, la decisione di compiere un'azione per il primo passo su un grande compito vi rende più facile fare il passo successivo, e anche quello successivo e quello dopo ancora. Obbligarvi a cominciare un'attività principale vi aiuterà a sviluppare lo slancio e l'energia necessari per lavorare fino a quando l'attività sarà completata.

Il metodo della fetta di salame

Una variazione della tecnica dei "morsi" per superare la procrastinazione è chiamato il "metodo della fetta di salame." Proprio come non cerchereste di mangiare un salame intero in un morso, non cercate di compiere una grossa attività in una volta sola.

Invece, voi affettate il compito come un salame – riducete la dimensione del compito tagliandone una piccola parte alla volta. Decidete poi di completare quella piccola parte prima di andare avanti con qualcos'altro.

Ogni volta che vi sedete con il vostro compito principale, specialmente se siete sopraffatti da altre responsabilità pressanti, decidete di completare una parte del compito alla volta. Spesso questa strategia vi permetterà di partire con il progetto e renderà più facile completare le parti due, tre, quattro e così via.

Sviluppare un senso di urgenza

Una delle qualità umane più rare e più di valore nel mondo del lavoro è il senso di urgenza. È stimato che solo circa il 2% delle persone si muovono velocemente per far sì che venga fatto un lavoro.

Quando è stato chiesto a 300 amministratori delegati cosa potrebbero fare i dipendenti per entrare con il passo giusto nelle loro società, l'85% ha fornito la stessa risposta. Le qualità più importanti che cercavano erano:

1. l'abilità di porre priorità e
2. l'abilità di iniziare il lavoro più importante e di completarlo bene e velocemente

Quando avrete una reputazione di iniziare i vostri compiti più importanti e di completarli bene e velocemente, sarete sorpresi di tutte le opportunità che vi si apriranno.

Creare blocchi di tempo

Vi servono blocchi di tempo intero per il massimo risultato. Più importante è il vostro lavoro, più importante diventa per voi stabilire blocchi di tempo per lavorare su progetti seri.

Vi servono almeno tra sessanta e novanta minuti per raggiungere qualcosa che abbia valore. Servono circa trenta minuti solo per entrare mentalmente in un'attività complessa, come preparare una proposta, una relazione o anche pianificare un progetto importante.

Una volta che siete nell'attività, poi potete concentrarvi singolarmente, con un alto livello di consapevolezza e creatività, per i prossimi sessanta minuti o più di serio lavoro concentrato.

Non mescolare attività creative e amministrative

Non potete mescolare attività creative con attività amministrative o funzionali.

Non potete realmente fare attività creative ed operative simultaneamente. Richiedono pensiero veloce o lento, ma non entrambi. Le attività di ufficio richiedono un pensiero veloce, a breve termine. Attività creative richiedono pensiero, pianificazione e applicazione.

Pensate al tempo creativo come il vostro "tempo principale interno", e il tempo operativo come il vostro "tempo principale esterno."

E non mescolateli. Non potete eseguire grossi lavori creativi – che richiedono tranquillità e concentrazione - in un tipico ambiente di ufficio a meno che non mettiate un cartello **NON DISTURBARE** sulla porta.

Come creare pezzi di tempo

Ecco parecchie raccomandazioni per creare blocchi di tempo, ognuna delle quali può aumentare di molto la vostra efficacia ed efficienza.

Primo, lavorate al mattino quando siete più freschi e più all'erta. Molte delle persone più produttive negli affari si impongono di andare a letto presto e poi di alzarsi alle 5 o alle sei del mattino in modo da poter lavorare senza interruzioni prima di andare in ufficio.

Riuscirete a realizzare quanto una persona normale fa in tre ore in un ufficio.

Un altro momento che potete usare a vostro vantaggio è la pausa pranzo. Questa è una grande opportunità per voi per spegnere il telefono, staccare la vostra connessione a Internet, ed eliminare tutte le altre distrazioni mentre tutti gli altri sono fuori ufficio e pranzo. Avrete pace e tranquillità in cui potete lavorare singolarmente per riordinare alcune delle vostre attività più importanti.

Guadagnare ore extra

Un'altra grande tecnica che potete usare è quella di arrivare in ufficio un'ora prima di chiunque altro. Usate quell'ora per organizzare la vostra giornata e partire prima che ci sia qualunque tipo di interruzione possibile. Poi lavorate durante la pausa pranzo e guadagnate un'ora in più di produttività. Infine, restate un'ora in più, dopo che tutti gli altri sono andati a casa, e usate quel tempo per riepilogare la vostra giornata e completare le vostre attività più importanti.

Modificando in questo modo la vostra giornata, eviterete il traffico per e da il vostro posto di lavoro. Inoltre aggiungerete tre ore produttive a ogni giornata lavorativa. Raggiungerete risultati due, tre o anche cinque volte quanto le persone medie che lavorano un orario normale. Con questa strategia potrete raddoppiare i vostri risultati.

Controllare le interruzioni

Interruzioni inaspettate e non programmate sono tra le più grandi perdite di tempo. Queste interruzioni possono essere sotto la forma di una notifica sul vostro computer, una telefonata, un messaggio che arriva sul vostro smartphone, o di persone che semplicemente entrano nel vostro ufficio perché hanno bisogno di parlare.

Risulta che le persone sono le più grande perdite di tempo nel mondo del lavoro. Fino al 50% del tempo lavorativo è speso in chiacchiere inutili con i colleghi. Molte persone vengono al lavoro al mattino e cominciano a chiacchierare con i colleghi e poi continuano per le due o tre ore successive.

Lavorare tutto il tempo che si è al lavoro

La regola da seguire per voi è di "lavorare tutto il tempo che si è al lavoro." Quando andate nel vostro posto di lavoro, cominciate a lavorare immediatamente. Non chiacchierate con gli altri, non leggete il giornale o navigate in Internet.

Dopo aver pianificato la vostra giornata la sera precedente (lo avete fatto, vero?), dovreste cominciare immediatamente la vostra attività più importante. E continuare a lavorare, attività dopo attività, fino a quando avrete terminato i vostri lavori più importanti.

Minimizzare le interruzioni

Quando qualcuno vi telefona, tagliate corto. Dite qualcosa tipo, "Ciao, Bill. È bello sentire la tua voce. Cosa posso fare per te?"

Andate dritti al punto. Non sprecate tempo. Prima di chiamare Mary, scrivete velocemente un'agenda dei punti che volete coprire nella vostra telefonata. Quando avete Mary in linea, dite, "So quanto sei impegnata. Ho tre punti che ho bisogno di esaminare con te e poi ti lascerò tornare al lavoro."

Questo approccio è sia educato sia professionale. Molti uomini di affari apprezzeranno il vostro venire direttamente al punto e poi lasciare il telefono.

Quando qualcuno viene nel vostro ufficio a chiacchierare, potete dire, "Mi piacerebbe parlare con te ora, ma devo veramente tornare al lavoro. Devo completare questa attività entro questo pomeriggio."

CAPITOLO 5: Gestire le perdite di tempo esterne

Il vostro tempo può essere influenzato da fattori esterni provocati da altre persone e cose. Potete diminuire o eliminare il tempo speso in queste attività implementando alcuni semplici suggerimenti elencati qui sotto.

Meeting

Tra il 25% e il 50% della gestione del tempo è passato in riunioni. Possono essere incontri uno a uno, brevi incontri in corridoio o meeting più formali seduti in un ufficio o in una sala riunioni.

Sfortunatamente il 50% o più del tempo delle riunioni è tempo sprecato. I meeting consumano enormi quantità di tempo e producono poco valore duraturo. Tuttavia i meeting sono anche uno degli strumenti chiave di gestione e devono essere usati efficacemente.

Calcolate il costo del meeting

Assicuratevi di avere una buona ragione per organizzare o partecipare a un meeting. Guardate a ogni meeting come a un investimento di business – visto che porta un costo in termini di tempo e salario dei manager e dello staff.

Prendete la paga oraria delle persone coinvolte in questi meeting e rendetevi conto che avete bisogno di ottenere un ritorno del vostro investimenti di questa somma di denaro.

Se avete dieci persone in una stanza che guadagnano in media 50 dollari all'ora, un'ora di meeting "costerà" 500 dollari. Se qualcuno volesse spendere 500 dollari in un progetto e venisse da voi per l'approvazione, vorreste sapere cosa otterrà l'azienda da questa spesa. Vorrete probabilmente pensarci un attimo prima di approvarla. Potreste anche domandare ulteriori informazioni e dettagli prima di sentirvi sicuri nell'autorizzare una spesa di quella portata.

Trattate ogni meeting allo stesso modo.

Evitate meeting non necessari. Pensate sempre se un meeting deve essere tenuto o meno. Ogni volta che decidete che un meeting non è necessario, allora si deve non tenere il meeting. Se non è necessario che voi personalmente partecipiate al meeting, allora non partecipateci.

Se state organizzando il meeting, chiedetevi chi è essenziale per il meeting e invitate solo quelle persone. Evitate di invitare persone che non è necessario che partecipino solo per farle sentire bene o importanti.

Preparare un'agenda

Preparate un'agenda scritta per ogni meeting e seguitela sempre. Date una priorità ai temi dell'agenda e affrontate prima i più importanti nel caso stiate esaurendo il tempo.

Come leader dell'incontro il vostro lavoro è di mantenere la discussione sul tema e di spingere ad arrivare a una chiusura di ogni tema prima di andare avanti.

Iniziate e finite i vostri meeting puntuali. Se avete delle persone che sono cronicamente in ritardo, potreste pensare di chiudere la porta poco dopo l'ora di inizio. Un'altra strategia è di supporre che il ritardatario non verrà del tutto e iniziare semplicemente il meeting.

Una volta che comincia il meeting, assicuratevi che non ci sarà alcuna interruzione durante il suo svolgimento. Nel suo best seller, "Ciò che ti ha portato qui non ti farà andare avanti", Marshall Goldsmith dice che una delle più grandi pecche nella leadership è la tendenza a dominare i meeting che sono frequentati dai subordinati del leader.

Visto che siete il capo, tutti ascolteranno quando parlate. Col tempo, la gente impara a non dire nulla o a interrompere, ma vi lasceranno continuare a parlare quanto volete su qualsiasi oggetto vogliate.

Porre più domande

In un meeting, siate come il vecchio gufo saggio che ha due orecchie e una bocca. Usate le vostre orecchie e la vostra bocca esattamente in quella proporzione. Ponete più domande e ascoltate più attentamente invece di parlare, o contribuite al piano di lavoro.

Usate un meeting per ottenere il pensiero migliore da ogni persona nella stanza, il che non è possibile se parlerete per tutto il tempo. I meeting migliori e più efficienti sono in realtà i meeting in piedi. Potete tenere questo tipo di anche nel vostro ufficio solo che nessuno si siederà – e qualunque cosa debba essere discussa sarà fatta velocemente e in modo succinto in modo che tutti possano tornare al lavoro.

È semplice convocare una riunione del genere. Dite, "Per risparmiare tempo, visto che so quanto voi tutti siete occupati— teniamo un incontro in piedi. In questo modo possiamo trattare tutto e ritornare al lavoro più velocemente."

Visto che di solito le persone sono occupate, troverete che, dato il momento e il luogo giusto, questo tipo di meeting è molto apprezzato dai membri del vostro staff.

<u>Telefono</u>

Il telefono può essere un eccellente servitore o un padrone terribile – specialmente se vi sentite obbligati a rispondere ogni volta che suona. Per ottenere la massima produttività, dovete lasciare il telefono al suo posto in modo da non diventare lo schiavo di chiunque componga il vostro numero.

Il modo migliore per avere il controllo delle vostre chiamate telefoniche è di farle filtrare tutte (se possibile). Altrimenti, mettete il vostro telefono in stato silenzioso e lasciate che le vostre chiamate vadano nella vostra casella vocale. Ci sono poche chiamate o messaggi che non possono aspettare fino quando non sarà opportuno per voi che gli rivolgiate la vostra attenzione.

Uno dei motivi per cui stiamo diventando schiavi dell'attrazione della distrazione è la curiosità. Non siamo in grado di smettere di domandarci chi ci stia mandando un messaggio o chi ci sia dall'altra parte del cavo telefonico.

L'unico modo per resistere a questa tentazione di essere distratti è quella di spegnere completamente il telefono in modo da non sentirlo neppure. Ogni volta che siete in un incontro con lo staff, i dipendenti, il vostro capo o con i clienti, bloccate le chiamate. Spegnete il vostro cellulare.

Non permettete interruzioni di nessun tipo. Raramente c'è qualcosa di così importante che non possa aspettare.

Dieci minuti di conversazione ininterrotta con un'altra persona sarà più produttiva di trenta o quaranta minuti con il telefono che suona e di risposte alle telefonate nel corso della vostra conversazione. Potete richiamare le persone più tardi.

Raggruppate le chiamate

Se dovete fare una serie di chiamate telefoniche nel corso della giornata, fatele tutte allo stesso tempo.

Ritagliatevi un periodo di tempo in cui potete eliminare qualsiasi altra distrazione e fate solamente le telefonate alla persone sulla vostra lista. Scrivetevi il nome, il numero e l'oggetto per ogni persona che avete bisogno di chiamare.

Evitate le telefonate senza risposta

Fate tutto il possibile per evitare le telefonate senza risposta.

Fissate un appuntamento telefonico esattamente come affrontereste un meeting di persona in ufficio. Quando chiamate le persone, lasciate un orario specifico e un numero a cui sarete disponibili. Dovrebbe essere durante l'orario lavorativo quando sarete in ufficio o disponibili al telefono in modo da poter rispondere puntuali alle telefonate.

Usate il telefono come uno strumento di lavoro. Usatelo velocemente. Andate dritti al punto. Siate educati e amichevoli ma professionali e diretti al risultato.

Più precisi e preparati riuscirete a essere sul tempo e il contenuto della vostra conversazione telefonica, più veloci e più produttivi sarete in ogni chiamata.

Raggruppare le attività

Raggruppare le vostre attività significa semplicemente fare cose simili nello stesso tempo.

C'è una "curva di apprendimento" in tutto quello che fate. Quando completate una serie di attività simili o identiche tutte in una volta, la curva di apprendimento vi permette di ridurre il tempo richiesto per completare ogni attività fino all'80% quando completerete la quinta attività identica.

Per esempio, nello scrivere lettere o rispondere alle email, riunitele assieme e fatele tutte allo stesso tempo. Raggruppate le vostre telefonate e rispondete uno dietro l'altra. Se dovete intervistare una serie di persone, intervistatele consecutivamente, una dietro l'altra.

Fate tutte le attività simili allo stesso tempo invece di farne alcune ora e alcune più tardi.

Usate l'email come un servo

Come vi approcciate alle vostre e-mail avrà un impatto importante sul vostro tempo.

Ci sono alcune persone che sono schiave delle loro email. Hanno una notifica che suona ogni volta che arriva una nuova email, e qualunque cosa stiano facendo, vanno subito nella loro casella postale a controllare il messaggio. In effetti, "cambiano attività" e poi ritornano a quello che stavano facendo, perdendo lo slancio, la chiarezza e il risultato nelle loro attività più importanti.

Tim Ferris, nel suo best seller "La settimana lavorativa di 4 ore", spiega come sia passato dall'essere schiavo della sua email per dodici/quattordici ore al giorno a essere completamente padrone del processo.

Come prima cosa, ha deciso di rispondere alla sua email solo due volte al giorno, alle undici del mattino e alle quattro del pomeriggio. Poi, è passato da due volte al giorno a una volta al giorno. Infine una volta alla settimana.

Rispondendo alle email una volta alla settimana, crebbero la sua efficienza, la sua efficacia e la sua produttività.

Possono aspettare

Alcune delle persone più produttive hanno una risposta automatica nelle loro mail. Dice qualcosa del genere: "Rispondo alla mia email solo due volte al giorno a causa della mia agenda fitta di impegni. Se mi avete mandato una email, vi risponderò non appena mi sarà possibile. Se questa è un'emergenza, chiamate questo numero e parlate con questa persona."

Un giornalista mi ha raccontato che una volta era andato in Europa per due settimane. La sua email era inaccessibile per tutto il tempo. Quando era ritornato aveva più di 700 messaggi che lo stavano aspettando.

Sapeva che ci avrebbe impiegato parecchie ore, forse anche molti giorni per leggere tutte le email. Così fece un grosso respiro e premette "cancella tutto." Il suo atteggiamento era semplice. Mi disse, "Rifiuto di essere schiavo di chiunque mi mandi una e-mail, aspettandosi che io replichi immediatamente. Inoltre, se qualcuna di queste mail fosse stata importante, chiunque l'avesse mandata l'avrebbe rimandata di nuovo."

E aveva ragione; il 90% delle email che aveva cancellato non erano mai state ripetute, e quelle cancellate che erano importanti furono rimandate entro pochi giorni.

Prendete la decisione di non permettere alla vostra email di controllare la vostra vita, di farvi scondinzolare a suo piacimento. Cercate invece di forzarvi di usare la email come uno strumento di lavoro.

Rispondete rapidamente e venite subito al punto. Controllate la vostra mail sono due volte al giorno, o anche meno frequentemente. Ancora meglio, non controllate la vostra e mail nei fine settimana e passate più tempo con la vostra famiglia e i vostri amici o nelle vostre attività personali.

La buona notizia è che probabilmente non perderete mai alcun messaggio importante. Accadono poche cose che non possono aspettare uno o due giorni.

Leggere più velocemente, ricordare di più

L'uomo d'affari medio al giorno d'oggi legge migliaia di parole nelle mail, nelle relazioni, nelle notizie, nelle informazioni sugli affari, negli articoli di riviste e in altri dati. Per avere successo oggi, dovete restare al passo con quanto leggete. Viviamo in una società basata sulla conoscenza, e un'informazione chiave può avere un effetto immediato sul vostro lavoro e sul vostro processo decisionale.

Siate selettivi su quello che leggete. Il miglior modo per risparmiare tempo nel mondo della lettura e del tenersi aggiornati è il pulsante Cancella sulla vostra tastiera.

Usatelo per le cose che non sono di immediato valore o rilevanza per la vostra vita e il vostro lavoro.

Imparare a leggere velocemente

Non potete evitare tutte le informazioni in arrivo, ma potete organizzarle e scorrerle nei tempi e modi che hanno senso per voi.

Una delle abilità più importanti che potete sviluppare è imparare a leggere velocemente. Se non avete mai seguito un corso di lettura veloce, dovreste farlo. Questo corso vi permetterà di triplicare la vostra velocità di lettura e il vostro livello di conservazione delle informazioni. Le tecnologie che sono state sviluppate nella lettura veloce sono decisamente fenomenali, e chiunque può imparare come leggere da 500 a 1000 parole al minuto con alti livelli di comprensione.

Raggruppate le vostre letture

Quando vi imbattete in argomenti, riassunti o informazioni di valore in Internet, stampateli e metteteli in una cartellina, o metteteli da parte in una cartella separata sul vostro computer per poterli leggere in seguito.

Invece di "cambiare di argomento"—vale a dire lasciare il lavoro che state facendo per leggere una qualche informazione recente, mettetela da parte per leggerla in un momento successivo. Una volta che avrete l'abitudine di far questo, vi stupirete di quanto più leggerete, e di quanta più attenzione potrete avere quando leggerete quel materiale.

Per quanto riguarda specialmente i quotidiani potete ricevere giornalmente sul vostro computer le informazioni più importanti pubblicate sui giornali, oppure potete leggere la versione cartacea. In entrambi i casi, scremate velocemente e leggete solo quello che è rilevante per voi. Nelle notizie, le informazioni più importanti sono di solito nel titolo e nel primo paragrafo. Molto spesso, non avete bisogno di leggere tutti i dettagli della storia per capire esattamente quello che è successo.

Leggere selettivamente

Le riviste sono progettate e sviluppate in modo che si debba scorrere la rivista pagina dopo pagina. In questo modo avrete la massima esposizione agli annunci pubblicitari presenti nelle riviste. (È lo stesso con i quotidiani.)

Per questo motivo, leggete selettivamente le riviste, i quotidiani, i giornali e le newsletter, leggendo solo quello che è rilevante e importante per voi. Leggete l'indice e andate direttamente agli articoli che vi interessano per la vostra vita e il vostro lavoro.

Un'ottima tecnica per il materiale stampato è chiamata "strappa e leggi." Strappate gli articoli che volete leggere, metteteli in una cartellina, e portate la cartellina con voi per essere letta dopo, quando avrete del "tempo libero."

Esaminate i libri con attenzione prima di decidere su quali volete passare del tempo a leggere. Potete abbonarvi a servizi di recensione libraria, sia online sia su carta, e ottenere le migliori idee di qualsiasi libro in soli pochi minuti.

Dire semplicemente di no

Il modo migliore per risparmiare tempo nei vostri tentativi di lettura è di prendere la decisione di non leggere del tutto qualcosa. Esaminando attentamente la prefazione, l'indice dei contenuti, l'introduzione e le informazioni sull'autore, o l'indice bibliografico, potete scoprire se il libro o la rivista è di qualche importanza o meno per voi. In questo caso smettete di leggere o scartatelo completamente in modo da poter avere più tempo libero per fare cose di maggiore importanza.

CAPITOLO 6: 60 trucchi e suggerimenti per gestire il vostro tempo e superare la procrastinazione

Mentalità

- Accettate il fatto che semplicemente non c'è abbastanza tempo per fare tutto. Questo è il motivo per cui è necessario lavorare sulle cose più importanti. Se siete sempre concentrati sulle cose importanti, sia negli affari sia nella vostra vita personale, starete sempre usando saggiamente il vostro tempo.

- Abbiate uno stato mentale rilassato. Restate calmi. Restate concentrati su quello che dovete fare. Ignorate tutto il resto. Troppo stress aggiuntivo può rendere l'intera attività molto più impegnativa. Il vostro stato mentale è qualcosa che potete controllare. Non lasciate che le pressioni esterne vi travolgano. Capite quello che deve essere fatto e fatelo in un modo calmo, rilassato e sicuro di voi.

- Smettetela di cercare di essere perfezionisti. È facile restare nella trappola di cercare di fare qualcosa solo un pochino meglio. Spesso, però, i risultati di uno sforzo ulteriore producono una minima differenza nel risultato complessivo – tuttavia il costo in termini di tempo e stress non necessario può essere considerevole.

- Accettate i vostri limiti di produttività come parte della natura umana. Non è bene sforzarsi inutilmente. Quando siete poco produttivi, dovete fermarvi e riconcentrarvi. Non rimuginate sui fallimenti passati – accettateli semplicemente come parte della natura umana. Poi tornate al lavoro.

- Trattate il vostro posto di lavoro come un luogo di produttività. Condizionate la vostra mente per riconoscere il vostro ufficio come un'area dove le cose vengono fatte. Fatelo regolarmente e presto vi ritroverete a produrre di più ogni volta che sarete lì. Trovate altri luoghi per attività, eventi e azioni meno produttive. Tenete il vostro luogo di lavoro riservato per le attività di alta produttività.

Pianificazione

- Preparate una lista di tutte le attività che devono essere fatte. La vostra lista delle cose da fare comprenda tutto quello che vi viene in mente. L'idea è di mettere tutto su carta. Non modificate le vostre selezioni o smettete di pensare a ogni singola parte. Continuate semplicemente a preparare la lista fino a quando avrete coperto tutto.

- Date la priorità alla vostra lista secondo l'importanza. Il modo più facile per farlo è categorizzare ogni punto in tre sezioni principali: A) Cruciali e urgenti B) Importanti ma non così urgenti C) Né importanti né urgenti. I punti A sono i più importanti e quindi dovrebbero sempre avere la priorità più alta. I B sono i successivi e i C raramente meritano di dedicarci del tempo. Prendervi del tempo all'inizio per assegnare le priorità vi aiuterà a completare un lavoro dopo l'altro senza fermarvi a decidere l'importanza della rilevanza di un'attività.

- Cancellate dalla vostra lista delle cose da fare qualsiasi attività che non sia importante. Chiedetevi, "Qual è la cosa peggiore che potrebbe accadere se la depennassi completamente dalla lista?" Se potete tollerare senza problemi la risposta allora cancellatela.

- Posticipate le attività che non sono urgenti in favore di quelle più pressanti. Non tutto deve essere fatto subito. Qualche volta un progetto è ritardato da fornitori, dai venditori o dai clienti stessi. Posticipate quello che potete, poi usate quel tempo per fare i lavori più importanti.

- Sviluppate l'abitudine di descrivere brevemente su carta i piani per compiere attività, grandi e piccole. Create prima un piano d'azione e poi seguitelo. Semplice ma molto efficace.

- Scomponete in fattori l'investimento temporale richiesto per ogni attività della vostra lista che dovete completare. Considerate il tempo richiesto per cose come viaggi, aggiornamento delle altre persone, pianificazione e dare lavori all'esterno. Non dimenticate di prendere in considerazione la perdita del tempo produttivo reale speso nel fare queste altre attività.

- Fermatevi e pensate a quello che state pianificando di fare. Come potrebbe essere fatto in modo più efficace? Prendetevi qualche minuto per delineare, pianificare e razionalizzare i vostri piani. Un semplice abbozzo può risparmiarvi ore di indecisione.

- Ponetevi degli obiettivi. Scriveteli e teneteli davanti a voi. Sappiate quello che vi state sforzando di raggiungere. Registrate i vostri obiettivi (un'agenda giornaliera è perfetta per questo scopo) e riguardateli spesso. Ponete un obiettivo temporale realistico per il raggiungimento di ogni obiettivo.

- Create un diagramma di flusso per ogni progetto importante. In cima alla pagina fate una lista dell'obiettivo o dell'attività da raggiungere. Ogni lavoro può essere divisi in passi di azioni singole con tempi di completamento per ogni singola attività. L'idea di un diagramma di flusso è di dividere in continuazione ogni passo in passi più piccoli, con ogni sequenza che diventa un'azione più fondamentale rispetto alla precedente. Un diagramma di flusso fornisce un cammino di azioni critiche che conduce direttamente al vostro obiettivo.

- Pianificate ogni ora della vostra giornata lavorativa. Usate blocchi di tempo per dare una struttura alla vostra pianificazione giornaliera. Date a ogni attività il tempo necessario per il completamento. Dedicate parte della vostra giornata a gestire ogni attività prioritaria. Se finite un lavoro prima, passate subito alla successiva attività critica. Avvantaggiatevi dei vostri momenti con picchi di energia per fare quello che è più importante. Più spesso userete questa tecnica di assegnazione di blocchi di tempo alle attività, più bravi diverrete nello stimare i requisiti temporali necessari.

- Preparate in anticipo ogni meeting. Stabilite uno scopo specifico per ogni meeting. Fate sapere a ogni persona cosa ci si aspetta precisamente da ognuno. Fate sapere loro il programma in anticipo in modo che ogni partecipante possa contribuire in un modo sensato. Prima che finisca il meeting, dovrebbero essere chiare a tutti le nuove attività e le responsabilità di chi è responsabile di ogni nuova attività. Terminate i meeting nei tempi stabiliti.

- Siate focalizzati. Anche se avete progetti diversi in corso, dovete fissare delle priorità per massimizzare i vostri sforzi. Ci sono moltissime distrazioni pronte a tentarvi. Molte cose interessanti da fare, posti dove andare e persone con cui socializzare. Potete facilmente passare il vostro tempo in molti altri modi. Ma se volete riuscire e completare un lavoro, dovete semplicemente restare concentrati su quello che è il più importante.

- Dedicate alcuni minuti alla fine della giornata per prepararvi per il giorno successivo. Create la vostra lista delle cose da fare e stabilite le priorità un giorno in anticipo. Questo vi risparmierà del tempo prezioso al mattino. Potete tuffarmi direttamente nel vostro lavoro senza dovere fare liste e compiere delle scelte. Usare questa strategia vi dà un vantaggio sulla partenza della giornata e darvi la sicurezza che starete lavorando sull'attività più importante.

- Stabilite il tempo necessario richiesto per un'attenzione completa e ininterrotta per l'attività in arrivo. Quando dovete semplicemente mettercela tutta e riuscire a completare le attività, dovete lavorare senza alcuna distrazione in modo da entrare nel flusso dove i risultati possono accadere molto più velocemente.

- Dividete scopi e obiettivi in attività minime. Non ha importanza quanto grande o piccolo sia l'obiettivo. Qualsiasi obiettivo può sembrare un sogno irrealizzabile fino a quando non lo dividete in passi di piccole azioni che possono essere intraprese immediatamente. Ridefinire un obiettivo fino alle sue azioni più semplici vi permette di darvi qualcosa che potete fare oggi che vi porterà avanti verso l'obiettivo stesso.

- Permettetevi il tempo adeguato per fare ogni lavoro nel modo corretto. Lo vorrete fare al primo tentativo e non dover sopportare la pressione aggiuntiva di una scadenza ravvicinata. Non c'è alcun profitto nel fare qualcosa una seconda volta.

- Determinate i passi da seguire prima di procedere. Prendetevi il tempo per creare un breve schema del progetto. Suddividetelo, un passo alla volta. Concedetevi il tempo per la pianificazione. Un minuto di pianificazione efficace può risparmiarvi un'ora di concentrazione mal direzionata. Un buono schema è il vostro piano d'azione per una conclusione di successo del progetto.

- Create uno schema delle scadenze. Sappiate dove siete in ogni momento in relazione a qualsiasi fase del progetto in corso. Siate consapevoli di dove siete e dove dovreste essere. Lo scopo di avere una lista delle scadenze è di aiutarvi a organizzarvi e a rispettare ogni scadenza nei tempi corretti. Quando sapete che c'è una scadenza in un futuro non troppo distante, è più probabile che vi dedichiate a lavorare al progetto.

- Aspettatevi l'inaspettato. Considerate i ritardi ogni volta che il vostro progetto preveda il contributo di altri. Se li pianificate, sarete meno frustrati e ancora in grado di rispettare le scadenze. Siate chiari con gli altri su cosa ci si aspetti da loro e con che tempi. Ma capiate che nessun'altra persona è dedicata a completare il vostro progetto quanto lo siete voi. Controllate periodicamente invece di aspettare fino all'ultimo minuto. In questo modo sarà più probabile che teniate il vostro progetto sui binari giusti.

- Concentratevi su miglioramenti incrementali nella vostra produttività giornaliera. Concentratevi su un piccolo ma consistente miglioramento ogni giorno. Prendete la decisione di aumentare ogni giorno la vostra produttività personale anche di pochi punti percentuali. Questo può implicare un'attenta pianificazione da parte vostra, ma la crescita esponenziale in produttività può essere notevole quando troverete nuovi modi per diventare più efficienti.

- Preparate dei piani scritti e dettagliati per i progetti più grandi. Create uno schema che preveda ogni passo da seguire. Rendete tutti i dettagli chiari e coincisi come se pianificaste di passare il lavoro a qualche altra persona. Se qualche aiuto diventa disponibile, sarete in grado di usare efficacemente il lavoro aggiuntivo. Se state facendo l'intero progetto da soli, non dovrete mai fermarvi a metà dell'opera per capire il passo successivo del processo.

- Tenetevi del tempo per i tipici ritardi che sono inevitabili. Datevi un lasso di tempo quando pianificate le vostre attività giornaliere. Facendo delle previsioni in anticipo sarete più efficaci e meno stressati.

Organizzazione

- Predisponete il vostro ufficio per la massima resa ed efficienza. Parecchia luce naturale dove è possibile, spazio adeguato per la scrivania, sedia confortevole, e tutto quello di cui avete bisogno per portare a termine ogni possibile attività collegata al lavoro.

- Rimettete tutto al proprio posto. Alla fine della giornata pulite la vostra scrivania e rimettete tutte le cartelline e i documenti al posto corretto. In questo modo tutto sarà esattamente dove dovrebbe essere quando ne avrete bisogno la volta successiva.

- Insistete sulle cose fondamentali prima di cominciare un progetto. Prima di cominciare raccogliete in anticipo tutto il materiale di cui avete bisogno. Per uno scrittore, questo può significare completare tutte le ricerche necessarie. Per un costruttore, può significare raccogliere tutti gli strumenti e le forniture necessarie. Raccogliete prima tutto quello di cui avete bisogno in modo da poter lavorare fino al completamento, senza il bisogno di una sosta non necessaria della vostra produttività.

- Evitate la tentazione di accatastare carte sulla vostra scrivania. Ordinatele e raccoglietele in modo da sapere esattamente dove siano. Minimizzate il numero delle volte in cui gestite ogni pezzo di carta.

- Capitalizzate le risorse di valore a vostra disposizione. La vostra personale agenda di contatti importanti su cui potete contare vi può far risparmiare un sacco di ricerche inutili.

<u>Partire in vantaggio</u>

- Create oggi la lista delle cose da fare domani. La maggior parte di noi è meno produttiva alla fine della giornata. Supponendo che le attività critiche della giornata siano state completate, è tempo di prepararsi per il giorno successivo. É meglio tenere le vostre liste delle cose da fare nella vostra agenda giornaliera o in diario rilegato. In questo modo avrete una registrazione permanente di tutte le vostre attività e azioni giornaliere. Preparare in anticipo la vostra lista vi dà una partenza in vantaggio per la giornata. Prepara anche in anticipo la vostra mente per quello che vi aspetta dopo.

- Iniziate ogni mattina con una scrivania pulita. Liberatevi di ogni lavoro arretrato prima di andarvene la sera. Se riuscite a prendere l'abitudine di pulire la vostra scrivania prima di chiudere la giornata lavorativa, avrete superato un grosso ostacolo che impedisce il pensiero chiaro e creativo. Semplicemente non potete dare il vostro meglio quando siete davanti a un mucchio di carte e a un carico di attività che devono essere eseguite nello stesso tempo.

- Fate prima le cose peggiori. Quando siete di fronte a una lista di incombenze, affrontate prima le meno desiderabili. Fatto questo, tutto il resto sarà una passeggiata! Vi sentirete imbattibili per il resto della giornata.

- Iniziate immediatamente. Abbiate l'approccio "Fallo e basta". Se non cominciate, non finirete mai. Se aspettate che le condizioni siano quelle giuste, potreste non averle mai. Fate ogni giorno qualcosa che vi porterà più vicini ai vostri obiettivi. Non posticipate – fatelo ora.

- Siate puntuali. Trasformate la puntualità in un'abitudine. Essere puntuali vi mette in buona luce e fa risparmiare tempo e denaro. Indica anche rispetto per il tempo degli altri. Arrivare in anticipo vi dà anche del tempo extra per rilassarvi... tempo per prepararvi mentalmente... o semplicemente tempo per rivedere i vostri appunti.

- Datevi il vantaggio di una partenza anticipata al mattino. Alzatevi un'ora prima del normale e fate un uso produttivo di quell'ora. Cercate di farlo per un mese e potreste stupirvi di quanto questa piccola ora possa fare per voi. É un modo facile per ottenere un controllo migliore della vostra gestione del tempo .

- Cominciate ogni singola attività con una nota positiva. Fate sin da subito qualcosa di importante e sentirete una sensazione di soddisfazione che potrete godere per tutta la giornata. Con i progetti semplici può essere la prima della lista. Per quelli più complessi forse è la preparazione di un piano di azione dettagliato. Tenete in mente questa semplice idea per ogni attività o progetto e riuscirete ad avere tutte le volte una grande partenza.

Idee per incrementare la produttività

- Lavorate ogni volta su una singola attività più importante. L'attività più importante è quella che vi dà il valore maggiore o il rendimento più alto possibile. Chiedetevi costantemente, "Qual è l'uso più utile del mio tempo ora?" Poi fate la cosa più produttiva possibile.

- Non mollatela! Continuate a restare concentrati su quell'attività prioritaria, indipendentemente dalle distrazioni. Lavorateci incessantemente. Proseguite fino a quando potete senza rompere la vostra concentrazione, non importa quanto possa essere difficile, spiacevole o sfidante la situazione. Spesso questo richiede una forte volontà da parte vostra ma la ricompensa ne vale la pena.

- Passate alla successiva attività più importante della vostra lista. Concentrate la vostra attenzione su questa attività fino a quando è completata. Quando avete fatto o l'avete portata il più avanti possibile, passate all'attività successiva della vostra lista. Una a una terminerete ogni attività lavorando sempre sulla più importante.

- Fate solo quelle attività a cui voi portate un valore unico. Delegate o acquistate le altre. Questa è una forma di leva che può essere molto efficace. Fate voi stessi le attività chiave, quelle in cui siete i migliori. Qualunque abilità, esperienza, conoscenza portiate, dovrebbe essere usata efficacemente quando la situazione lo richiede. Utilizzate il vostro tempo e le vostre conoscenze saggiamente. Guardate ogni attività e determinate l'uso più efficace delle risorse disponibili.

- Trasformate il vostro tempo di inattività in attività produttive. Determinate il vostro tempo di massima produttività e fate in quei momenti le vostre attività più intense e faticose. Usate gli altri periodi meno produttivi per rispondere alle telefonate, mandare fax, tenere riunioni e andare avanti con discussioni. Nessuno può essere al massimo per tutta la giornata. Il segreto è sapere quando siete più efficaci e usare quel momento per i lavori più duri e importanti.

- Usate efficientemente il vostro computer. Prendete l'abitudine di scrivere le cose solo una volta e poi di modificarle se necessario sullo schermo. Evitate di prendere degli appunti a mano che poi dovranno essere inseriti al computer. Imparate l'uso di data-base, programmi di gestione dei progetti, fogli di calcolo o di qualunque programma si adatti al vostro business o al vostro ruolo.

- Economizzate il vostro tempo. Terminate le attività con meno perdite di tempo. Meno sono i passi necessari per completare un'attività, meglio sarà. Lavorate sul miglioramento dell'efficienza ritagliando minuti o anche secondi dalle attività di routine. Ponete attenzione alle sovrapposizioni, alle gestioni inutili, ai passi non necessario e alla duplicazione del lavoro.

- Mescolate le dimensioni delle attività per evitare di bruciarvi.

Invece di intraprendere due grossi progetti uno dietro l'altro, separateli con un'attività più piccola. Cercate di mescolare attività grandi e piccole. Sentirete un senso più forte di realizzazione e vi sentirete meno esauriti alla fine della giornata.

- Sfidatevi a terminare i lavori prima del previsto. Cercate costantemente modi migliori, più veloci e più produttivi di fare le cose. Datevi un premio per la vostra accresciuta produttività.

- Sforzatevi di raggiungere miglioramenti incrementali. Piccoli ma consistenti miglioramenti nello sforzo e nei risultati possono costituire una notevole differenza nel lungo termine.

- Sviluppate una preferenza per l'azione. Non posticipate mai a domani quello che può essere fatto oggi. Fatelo ora e sentirete una sensazione di realizzazione. Come usate il vostro tempo determina la qualità della vita che vi create.

- Decidete quello che volete realizzare sopra a ogni altra cosa.

Quale attività sulla vostra lista, o quale obiettivo è più importante per voi. Quella è la cosa su cui dovete concentrarvi. Seguite questa traccia prima di tutte le altre. Potete riuscire in qualunque cosa vogliate veramente ma ... potete realizzare solo una cosa alla volta.

- Dopo ogni risultato ottenuto, passate direttamente alla successiva attività. Quando realizzerete una cosa dopo l'altra, incrementerete il vostro potenziale per un risultato più alto. Il successo genera successo. Ogni attività completata con successo, dà nuovo slancio e accresce la vostra fiducia nell'ottenere altro. Ogni risultato raggiunto con successo aumenta la vostra capacità e voglia di affrontare la sfida successiva. Fate una cosa alla volta e poi passate velocemente alla successiva.

- Trasformate le attività giornaliere essenziali in abitudini forti. Un'abitudine è qualcosa che fate automaticamente, senza una decisione cosciente. Tutti abbiamo attività che non sono piacevoli o sono sgradevoli, ma che sono necessarie. Una volta che diventano abitudini, sono molto più facili da sopportare. Non dovete fermarvi e pensarci.

- Immaginate che avete solo mezza giornata per completare un lavoro da una giornata intera. Cosa fareste? Cosa deve essere fatto prima? Cosa può essere delegato agli altri o posticipato a dopo? Quando improvvisamente avete meno tempo per lavorare siete costretti a un livello più alto di produttività o di efficienza nella pianificazione.

<u>Tattiche, tecniche e passi da seguire</u>

- Eliminate le interruzioni personali. Quando siete in un momento propizio, l'ultima cosa che volete è essere fermati da intrusioni non necessarie. Grandi risultati si ottengono quando si riuniscono lo slancio e il senso del ritmo giusto mentre fate progressi verso una conclusione di successo. Le interruzioni possono impedire il vostro successo. Non permettete che accadano. Usate dei controlli come mettere dei cartelli sulla porta o la segreteria vocale. Se dovete, cercate uno spazio lavorativo dove nessun altro possa trovarvi. O modificate i vostri orari per avere il momento creativo nei periodi non di punta.

- Imparate a dire no ad attività con poco rendimento. É facile essere occupati con lavori meno importanti. Se l'attività non è importante oggi, non sprecate il vostro tempo con essa. Meno sono i lavori poco remunerativi su cui lavorate, più produttivi diventerete.

- Eliminate ogni viaggio non necessario. Avvantaggiatevi delle odierne tecnologie salva tempo. Ogni volta che è possibile usate il telefono, il fax o l'e-mail per affrontare argomenti importanti della giornata. Evitare visite di persona libera tempo per attività più produttive.

- Introducete scadenze giornaliere. Che vi piacciano o meno, le scadenze aumentano la produttività. Più ci si avvicina a una scadenza imminente, più sentiamo la pressione di fare qualunque cosa sia necessaria per completare l'attività. Create una serie di scadenze - mensili... settimanali... giornaliere. Quando si avvicina ogni scadenza, comincia il vero lavoro. Le scadenze possono dare una scossa significativa alla vostra produttività fino a quando le rispetterete.

- State in piedi quando parlate al telefono. Restare in piedi vi aiuta ad andare direttamente al punto, per una chiamata più veloce e più produttiva. É facile mettersi un po' troppo a proprio agio quando si è seduti e la telefonata sembra andare per le lunghe.

- Raggruppate parecchie piccole attività correlate e completatele allo stesso tempo. Restituite tutte le chiamate in uno stesso momento del giorno, preferibilmente dopo che avete completato le azioni cruciali della vostra lista di cose da fare. Completare parecchie piccole attività in una volta è più facile quando avete lo slancio. Consolidare i vostri sforzi vi aiuta a ottenere il meglio dal vostro tempo. Raggruppate insieme piccoli lavori come andare in posta e in banca. Quando siete costretti a passare da un tipo di attività a un'altra e poi indietro di nuovo, perdete tempo nel cercare di riconcentrarvi e di riguadagnare lo slancio.

- Conducete efficientemente i meeting. Rendete noto in anticipo l'orario preciso di inizio e attenetevi a questo. Chiudete la porta per cominciare il meeting. Non sentitevi obbligati ad aggiornare i ritardatari. Costruitevi una reputazione di tenere i meeting puntuale nonostante tutto. La gente presto capirà che siete serio e i vostri meeting diventeranno presto più produttivi.

- Sfidate voi stessi. Cercate sempre di fare meglio del vostro meglio. Concentrate l'attenzione sul trovare un modo migliore e più efficiente per fare la stessa attività meglio di voi stessi. Rendendola un gioco, potete trasformare anche l'attività più noiosa in qualcosa di interessante e divertente.

- Cominciate la vostra lista di cose da fare su un singolo foglio di carta intero. Fate una lista di tutto, senza preoccuparvi di dove potrebbe essere in sequenza. Dopo aver fatto la lista di tutte le attività, identificate i gruppi specifici di attività (le A, le B e le C) usando evidenziatori di colori diversi. Una volta date le priorità potete riorganizzarle facilmente nella sequenza giusta all'interno della vostra agenda giornaliera. In questo modo, quando iniziate ogni giornata, tutte le attività critiche sono già pronte davanti a voi.

- Raggruppate tutte i vostri registri importanti. Mantenete una sola lista delle cose da fare e una sola agenda giornaliera. Preferibilmente la vostra lista delle cose da fare dovrebbe essere parte della vostra agenda. Tenete delle registrazioni permanenti ed evitate di prendere appunti su buste o piccoli pezzi di carta. Usate la vostra agenda, il vostro quaderno di appunti per tutta la documentazione. Cercare di usare più di una lista è una duplicazione improduttiva.

Rischiate anche di correre il rischio di perdere qualche elemento chiave mentre trasferite pezzi di informazioni.

- Andate dritti al punto in tutte le comunicazioni. Evitati lunghi e inutili giri di parole. Mantenete il vostro messaggio corto e cortese ogni volta che ciò è possibile. Eliminate tutte le cose inutili. Siate rispettosi del tempo degli altri egli altri vi restituiranno la cortesia.

- Generate delle copie fisiche dei vostri doveri e delle vostre responsabilità. Se vi basate esclusivamente sul disco rigido del vostro computer per tenere i dati, prima o poi proverete la frustrante esperienza di un crash di sistema che potrebbe farvi perdere tutto. I computer possono rompersi. Se lì c'è tutto quello che avete senza nessuna copia di back up potreste affrontare dei seri problemi. Preparate una documentazione cartacea, in modo che abbiate sempre un back-up per prevenire qualsiasi problema possibile.

- Aggiungete degli incentivi per attivare uno sforzo maggiore. Promettete a voi stessi o al vostro team, qualcosa di molto apprezzato, se si fosse in grado di raggiungere il vostro obiettivo nei tempi. Agitate una carota abbastanza grande e troverete modi creativi per superare gli ostacoli e raggiungere gli obiettivi desiderati in tempi record.

- Tenete in evidenza il vostro piano. Tenere una traccia visibile dei vostri progressi mentre lavorate a un progetto difficile può spingervi a risultati migliori. Usate il vostro schema come una lista e smarcate ogni attività singola quando è completata. Questo vi aiuta a restare sull'obiettivo, a mantenere la motivazione e fornisce una prova visiva dei risultati raggiunti.

- Iniziate da qualche parte e non solo dall'inizio. Qualche volta è meglio iniziare in qualsiasi punto di un progetto. Cercare di restare attaccati al protocollo dall'inizio alla fine come avete appreso a scuola può essere controproducente. Se l'inizio vi sta causando delle difficoltà, saltatelo e passate a qualche cosa che potete fare subito. Prendete il passo più agevole e fatelo subito. Poi passate al successivo per grado di facilità.

- Fate qualche attività produttiva immediatamente. Nulla nel passato – e nulla nel futuro – è tanto vitale quanto il momento davanti a voi proprio adesso. L'unico tempo su cui potete contare con certezza sono quei momenti che sono davanti a voi oggi. Non sprecateli.

- Create dei modi per ridurre la duplicazione di energie creative. Preparate dei documenti generici che possono essere riutilizzati per applicazioni simili. Copertine di fax, schemi per punti di un meeting, questionari, e richieste sono solo alcuni esempi di documenti che possono essere standardizzati per un uso più ampio.

- Agite come se foste il vostro allenatore. Nei giorni in cui siete tentati di allontanarvi dalla vostra attività più importante, riprendetevi e riportatevi sul sentiero giusto. La via più facile per sviluppare l'auto motivazione è di mantenere davanti a voi l'obiettivo principale per tutto il tempo. L'obiettivo è la ragione per cui state facendo quello che state facendo. Avere in mente un obiettivo, qualcosa per cui state lavorando, vi dà il carburante di cui vi avete bisogno per superare i momenti difficili.

- Affrontate di petto le sfide e le difficoltà. Spesso l'attività più importante a un certo punto è quella che attira di meno. Quando è questa la situazione, la cosa migliore da fare è tirarsi su le maniche e lavorare. Dateci dentro. Molte volte non è così male come avevate immaginato.

- Delegate ogni volta che è possibile. Seguite i lavori per essere sicuri che gli altri stiano andando nella direzione giusta e siano nei tempi previsti. Spesso singole attività possono essere gestite da altri. Utilizzare le risorse di altri può essere un grosso aiuto quando è stato fornito il corretto addestramento e sono state date le indicazioni giuste.

- Stabilite un sistema efficiente di archiviazione. Nulla è più frustrante di sapere che avete i materiali di cui avete bisogno e di non essere in grado di trovarli. Un modo per aggiungere efficienza è creare una pagina indice e metterla davanti a ogni cassetto o cartella. Le categorie possono essere un sistema di numeri o una lista alfabetica fino a quando ci sarà spazio a sufficienza per aggiungerle. Quando aggiungete un nuovo file segnatelo nell'indice. Mettete tutto al posto giusto e sarà lì quando ne avrete bisogno.

- Tenete la vostra agenda giornaliera (soluzione preferita) o un quaderno sempre a portata di mano. Registrate tutte le vostre idee, pensieri, concetti e qualsiasi altra informazione che compaia in qualsiasi momento nella vostra mente – spesso mentre siete impegnati a fare altre cose. Prendete nota di argomenti non urgenti che volete condividere con gli altri e fatelo alla fine della giornata lavorativa.

- Prendete le decisioni velocemente e con fermezza. Le persone che ottengono di fare le cose nella vita sembrano condividere la caratteristica di prendere le loro decisioni velocemente e di attenersi a quanto deciso. Non perdete tempo nel decidere. Valutate la situazione al meglio che potete e prendete una decisione. Non tutte le decisioni possono essere prese così velocemente, ma molte decisioni di ogni giorno sì. Più ci proverete, più veloci ed efficienti diventerete.

- Minimizzate il tempo necessario per preparare le risposte. Imparate a usare il telefono in modo efficace per rispondere velocemente. Ogni volta che è possibile, usate il telefono per rispondere alla corrispondenza. Le lettere e i fax non necessariamente devono avere risposte inviate con lo stesso mezzo. Una semplice telefonata può ottenere lo stesso risultato in una frazione di tempo rispetto a quello che sarebbe stato necessario per mandare una lettera.

- Mantenete corpo e mente sani. La buona salute fisica e mentale sono essenziali per ottenere i massimi risultati. Gestire il vostro tempo riguarda gestire la vostra vita e la buona salute è essenziale per una buona vita. Per raggiungere al meglio i vostri risultati, avete bisogno di una buona salute. Senza di essa, nulla ha molta importanza. Essere in eccellenti condizioni fisiche vi dà più energia e resistenza. Vi rende anche più all'erta e meno stressati.

- Fate esercizio regolarmente. Trattate il vostro corpo come una macchina ben tenuta e opererete con maggiore efficienza e per periodi di tempo più lunghi. L'esercizio regolare di qualsiasi tipo può aiutarvi a sentirvi più attivi e tonici. Il riposo dopo uno sforzo fisico è ciò che ricostruisce e rafforza il corpo.

- Imparate a leggere velocemente. Ci sono molti corsi e libri per aiutarvi.

É sorprendentemente facile per i lettori medi almeno raddoppiare la loro tipica velocità di lettura con l'aiuto di poche semplici idee e tecniche. La maggior parte dei corsi sono progettati per andare anche oltre il raddoppio della vostra velocità, ma richiedono una pratica continua. Raddoppiare solamente la vostra velocità vi permetterà di dimezzare il vostro tempo di lettura, liberando più tempo per altre attività importanti.

- Concentratevi sempre sul risultato desiderato. Sappiate il vostro esito. Siate consapevoli del vostro obiettivo e della sensazione di realizzazione che proverete a ogni attività completata. Tenendo il risultato finale chiaramente nella vostra mente, saprete perché è importante far di tutto perché le cose vengano fatte.

- Attenetevi alla vostra pianificazione. Mentre è inevitabile che altre cose sbuchino periodicamente ad attirare la vostra attenzione, non dovete deviare. Quando capita una distrazione riconoscetela, registrate i dettagli, poi tenetela da parte per un momento successivo. Dopo che avete completato le vostre attività critiche della giornata, tornate ai vostri appunti e affrontate in quel momento l'interruzione.

Monitorare il vostro tempo

- Fate particolare attenzione alle piccole cose. Nella gestione del tempo, quelle "piccole cose" sono i momenti apparentemente insignificanti che passiamo in un modo non produttivo. Nel corso della vita, quei giorni, quelle ore e quei minuti posso diventare un gran lasso di tempo che avremmo potuto investire in un modo migliore.

- Mantenete la vostra concentrazione sul realizzare l'attività più importante durante la giornata lavorativa. Le persone non di successo sono spesso molto occupate, ma possono non esserlo nelle attività più produttive.

- Create un sistema di "avvisi" per ricordarvi in anticipo i compiti in arrivo, gli eventi, le date importanti e le scadenze. Gli avvisi sono dei promemoria periodici da aggiungere alla vostra agenda giornaliera. La preparazione vi dà un gran vantaggio e i promemoria regolari vi danno il tempo di prepararvi per ogni situazione o attività.

- Monitorate il vostro tempo per una settimana. Tenente conto di ogni ora e di ogni minuto dentro quell'ora. Alla fine della settimana, riguardatela. Fate il conto delle ore e di come le avete spese. Se avete separato onestamente il tempo realmente produttivo dalle altre attività della vostra vita, sarete in grado di localizzare chiare opportunità per migliorare la vostra efficacia.

- Riconoscete quando è necessario un cambiamento. Se un processo o una strategia non sta funzionando per voi, e sembrate girare a vuoto, fermatevi e fate un cambiamento. Minimizzate la vostra perdita di tempo ed energia quando i vostri sforzi sembrano non andare da nessuna parte. Modificate il vostro approccio. Aggiustatelo. Rivedetelo in un modo che funzioni per voi.

- Controllate le piccole perdite di tempo. Risparmiare un paio di minuti ogni giorno può fare una grossa differenza nel corso di una vita. Pensate all'efficienza. Mettetela al centro.

- Tenete un registro accurato del tempo richiesto per completare ogni progetto, lavoro, incarico o attività. Un documento del genere vi aiuterà con le stime future dei tempi necessari. Vederlo su carta è spesso una rivelazione. Troverete le aree in cui l'efficienza potrebbe essere migliorata.

- Analizzate prima. Sappiate quando un progetto deve essere completato e cosa si deve fare per rispettare i dettagli specificati. Prima di passare all'azione completa, determinate i passi generali che sono richiesti per il completamento. Create una scomposizione di base delle principali fonti o dei contribuenti al lavoro. Una lista potrebbe includere la biblioteca, i colleghi, i venditori esterni e il cliente. Cosa verrebbe richiesto a loro? Che lavoro può essere fatto nel vostro ufficio? Quali informazioni o forniture devono essere recuperate altrove? Una veloce analisi vi darà una migliore idea del lavoro che vi aspetta.

- Usate il vostro tempo lavorativo per il lavoro vero- per quelle attività che vi aiuteranno a finire un lavoro dopo l'altro. Tenetevi occupati nel fare le cose importanti per il progetto davanti a voi. Tenete tutta la pianificazione e l'organizzazione per la fine della giornata, dopo che è stato completato il lavoro giornaliero.

Sconfiggere la procrastinazione

- Valutate l'attività che state evitando. Cosa è che vi impedisce di partire con questo progetto? Spesso un'attività sembra enorme. Il modo per superare questo fatto è di dividerla in parti più piccole. Dividete un'attività grande in sottocomponenti che sono più veloci e più facili da fare. Dividetela e non sarà più così mostruosa. Guardatela come a una serie di attività più piccole. Poi completatele, una alla volta.

- Soppesate le conseguenze. Qual è la cosa peggiore che può capitare se procrastinate e fallite nel completare questa attività? Al contrario, qual è il miglior risultato possibile nel farla in tempo? Ora, fate la cosa giusta e fatela subito.

- Cominciate immediatamente. Iniziate ora. Prendetevi carico della situazione subito e iniziate i passi necessari che dovete intraprendere. Anche le attività più scoraggianti possono essere molto più facili una volta che ci rimbocchiamo le maniche e ci mettiamo a lavorarci.

- Agite su qualunque cosa che vi aiuterà ad avvicinarvi al completamento con successo del compito davanti a voi. Aprite quel file, componete il primo numero sulla vostra lista, scrivete la prima riga della vostra lettera—qualunque cosa possa aiutarvi a partire in modo da creare un piccolo slancio.

- Pensate prima di agire. Se state avendo difficoltà a partire, prendetevi un po' di tempo per pensarci prima. Esplorate la vostra mente per capire le ragioni dietro ai temporeggiamenti. Sforzatevi di analizzare i motivi per cui state ritardando questo progetto. Poi affrontatelo. Affrontate le vostre paure intraprendendo qualche tipo di azione positiva.

- Fate per prima la cosa che continuate a posticipare. Completate questa attività problematica presto durante la giornata. Una volta completata vi sentirete carichi di energia e il resto della giornata sarà una passeggiata.

- Riconoscete le vostre tattiche di temporeggiamento per quello che sono, e poi fate qualcosa. Quante volte avete pensato di fare qualcosa solo per dire a voi stessi che era troppo difficile, troppo poco piacevole o non adatta? Ascoltate la vostra voce interiore e siate pronti a ignorarla se vi sta impedendo di fare le cose importanti. Raramente un'attività è così soffocante come sembra. Di solito, "rimuginare è peggio che fare".

- Cambiate atteggiamento nei suoi confronti e qualsiasi attività può diventare più sopportabile. Ritrovatevi a lamentarvi di un lavoro che dovete fare e poi fate un cambio radicale. Spesso potete passare più tempo a lamentarvi di dover fare il lavoro più di quanto in realtà ci voglia semplicemente per farlo!

- Scoprite perché state posticipando un'attività. Le persone in genere procrastinano perché A) altre attività sembrano più importanti... B) l'attività è così poco piacevole che virtualmente qualsiasi altra attività sarebbe preferita... e C) una mancanza di fiducia nella propria abilità di completare l'attività.

- Riconsiderate le attività poco piacevoli per renderle più accettabili da fare. Nulla in se stesso è bello o brutto. É il pensiero che le rende così. Nulla è doloroso o piacevole fino a quando decidiamo che lo sia. Come decidete di guardare a un'attività può fare una grossa differenza. Vedetela in una luce positiva e la farete più velocemente e ne uscirete sani e salvi. Una volta che padroneggerete questa abilità, avrete sconfitto il demone della procrastinazione.

- Visualizzate l'attività come completata con successo con l'occhio della vostra mente. Interiorizzate le sensazioni di successo e di raggiungimento del risultato. Amplificatele. Rinforzate la gioia. Racchiudete queste esperienze sensoriali nella vostra banca della memoria e rivivetele spesso. Fatelo spesso e l'immagine mentale a sua volta creerà la realtà fisica.

CONCLUSIONE

Un pensiero finale sulla gestione del tempo è il concetto di bilanciamento.

La cosa più importante che potete instillare nella vostra vita è il bilanciamento e la moderazione. Praticando i metodi, le idee e le tecniche di questo libro, diventerete dei maestri nella gestione del tempo e avrete più tempo per la vostra famiglia e la vostra vita personale.

Spesso le persone intraprendono dei programmi di gestione del tempo in modo da poter aumentare le cose che riescono a fare su base giornaliera. Tuttavia, come disse il saggio, "C'è di più nella vita che aumentarne semplicemente la sua velocità."

Lo scopo principale di imparare e mettere in pratica le capacità di gestione del tempo è di aumentare e migliorare la qualità complessiva della vostra vita.

La vostra qualità della vita

Non ha importanza quanto sia adatto a voi il vostro lavoro, la qualità della vostra vita sarà determinata in gran parte da tre cose.

La prima è la qualità della vostra vita interiore: quanto bene state con voi stessi, quanto vi piacete, e quanto bene vi sentite riguardo al vostro carattere e alla vostra personalità. Lo sviluppo interiore richiede tempo e riflessione, oltre a leggere e a pensare alle grandi domande della vita.

La seconda area è la vostra salute. Nessun grande successo compenserà una cattiva salute. Prendetevi il tempo per mangiare cibo corretto, per fare attività fisica regolarmente e per riposarvi e rilassarvi in modo adeguato. Qualche volta l'uso migliore del vostro tempo è andare a letto presto e trascorrere una buona notte di sonno.

Infine e cosa ancora più importante, prendetevi tempo per le vostre relazioni. Le persone a cui tenete e che tengono a voi sono tra i fattori più critici della vostra vita.

Non permettetevi mai di essere così presi dal vostro lavoro da ignorare quelle relazioni chiavi con il vostro coniuge, i vostri figli e i vostri amici più cari.

Una grande vita è quella che è bilanciata. Se passate tempo a sufficienza nel preservare e migliorare la qualità delle vostre relazioni, troverete che otterrete più gioia, soddisfazione e senso di realizzazione.

Grazie e buona fortuna nell'usare queste idee in ogni parte della vostra vita.

www.ingramcontent.com/pod-product-compliance
Lightning Source LLC
Chambersburg PA
CBHW070248230526
45470CB00002B/522